아플때 피는꽃

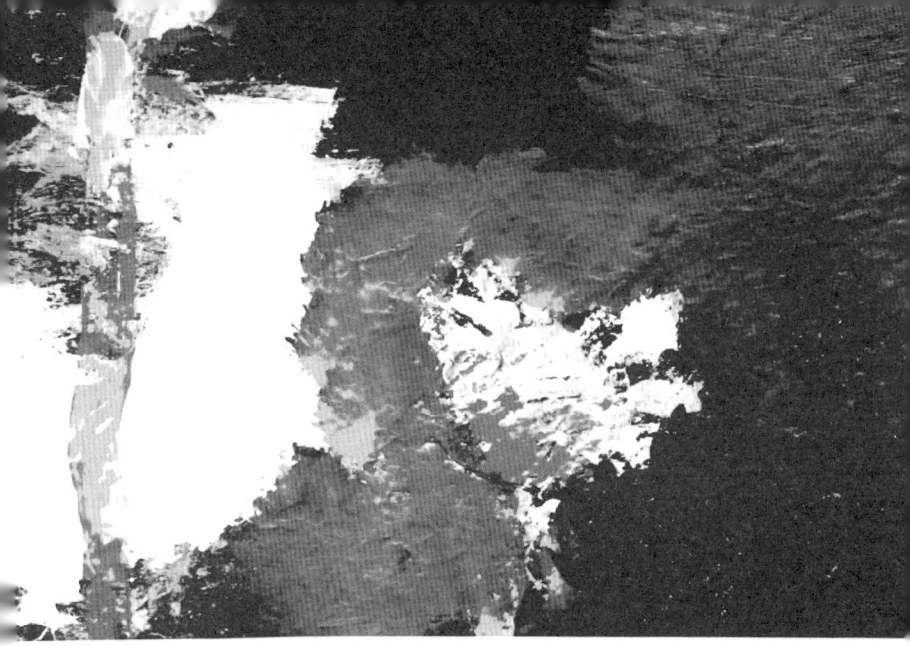

아플 때 피는 꽃

김 태 희 제4 시조집

열린출판

■ 여는 글

    우리가 살아가는 데는 누구나 다 크고 작은 아픔이 있게 마련이다. 다만, 우리는 그것들을 인식하지 않고 살아갈 뿐이다. 한편으로 이런 것들을 잊고서 산다는 게 어쩌면 다행인지도 모른다. 그러면서도 우리는 이 아픔을 신뢰하고 극복하면서 희망의 꽃으로 피우며 살아가고 있다.
    유년 시절에 하얗게 피어있던 들꽃. 내 영혼이 뛰어놀던 그 찔레꽃을 바라보다 어린 시절 마음의 눈을 들어보았다. 거기서 이 시집의 표제를 떠 "아플 때 피는 꽃"으로 올렸다.
    시조집은 모두 5부로 나누어 제1부는 주로 단시조를 중심으로 봄에 대해 깨움을 제2부는 짧은 연시조의 꽃밭으로 제3부는 주로 작품성에 대한 독자들의 감동과 그에 대한 메시지를 담았다. 제4부는 인생의 순환하는 계절에서 주로 가을을 주제로 단풍 같은 감성을 모았고 제5부에서는 그리움이 머무는 곳 편안한 마음의 휴식을 위한 여지로 남겼다.
    그리고 이 시집을 꾸미면서 하고 싶은 말들은 서시로 다음 쪽에다 담았다.

2022년 2월에
藥城 김태희

서시 序詩

영혼이 새긴 주름, 깨달음의 무늬인가
지나온 발걸음에 삶과 싸운 흔적일까
한 권의 시집 속에다 이름표를 새겨본다

쪽마다 빼곡하게 숨어 있다 올라온 말
하늘에 손바닥을 가린 듯이 부끄러워
이 글들 혼란스럽게 감쌀 때가 두려웠다

삶에서 퍽퍽할 때 나 스스로 힘이 들 때
시란 게 태어나서 위로받은 나날들의
가슴에 얹어진 비밀 자잘하게 흔들린다

■ 차례

■ 여는 글 __ 5
■ 서시 __ 7

1부 봄꽃

경칩	17
봄꽃	18
동백, 그 섬에	19
풀꽃	20
동트는	21
목련	22
개미	23
신호	24
그렇게 살고 싶다	25
상감청자	26
봉선화	27
부끄럽다	28
내 어머니	29
풀꽃의 용기	30
코로나와 꽃길	31
11월	32
시의 생각	33
낙엽 길	34
밥상	35

연상의 길 ·· 36
서럽다 ·· 37
속삭임 ·· 38
입동 지나 ·· 39
어머니의 맛 ···································· 40
요즘 편지 ·· 41
가을 냄새 ·· 42

2부 그리움의 증표

그리움의 증표證票 ···························· 45
봄날 ·· 46
추풍령 ·· 47
봄비 소리 ·· 48
혼술 ·· 49
아내여 ·· 50
모란 ·· 51
이별 ·· 52
김치전 ·· 53
염천炎天 ·· 54
밤 ·· 55
맨드라미 ·· 56
그늘막 ·· 57
아버지의 늪 ···································· 58
복伏날 ·· 59
시인의 계절 ···································· 60
시월의 밤 ·· 61

가을 산 ····················· 62
내 가을 시 ··················· 63
태胎 ························ 64
길 때문에 ···················· 65
미륵불 ······················ 66
오징어 ······················ 67
가을 냄새 ···················· 68
닳은 마음 ···················· 69
매미 ························ 70

3부 아플 때 피는 꽃

겨울 남한강 ··················· 73
사막의 詩 ···················· 74
어머니의 홀소리 ················ 75
병산서원 소고小考 ··············· 76
아플 때 피는 꽃 ················ 77
겨울나무 시편 ················· 78
3·1절의 꽃 시 ················· 79
가을 녘의 사색 ················· 80
몽골, 어워의 마지막 땅 ··········· 81
구족화가 ····················· 82
폐어선의 낙서 ················· 83
바람의 노래 ··················· 84
슬픈 눈짓 ···················· 85
가야금 소리 ··················· 86
목련 일기 ···················· 87

한여름 밤 무도회 ·········· 88
소금의 이름으로 ·········· 89
포은圃隱을 사색하다 ·········· 90
소록도 한센인 ·········· 91
아름다운 춤, 말[言] ·········· 92
제주의 詩 ·········· 93
문래동 주물공장 ·········· 94
달빛 속어俗語 ·········· 95
화진포 밤 초소 풍경 ·········· 96
우리 꽃 무궁화 ·········· 97
피맛길 ·········· 98
하늘재에서 ·········· 99
황태 ·········· 100

4부 가을 나무 행복하다

가을 나이 ·········· 103
저녁놀 시경 ·········· 104
가을 선시禪詩 ·········· 105
모정 ·········· 106
봄꽃 핀다 ·········· 107
가을, 거둠의 생각 ·········· 108
찔레꽃 저편 ·········· 109
가을 쌍개울 ·········· 110
기러기, 귀향을 읽다 ·········· 111
겨울 단양팔경 ·········· 112
가을 나무 행복하다 ·········· 113

어느 행렬 ·· 114
십자가의 길 앞에서 ··································· 115
유기견 ·· 116
낙엽의 지움 앞에서 ··································· 117
송해길 풍객 ·· 118
생의 가을 ··· 119
10원짜리 동전 ··· 120
부산항 3 부두 ·· 121
고궁의 노인 ·· 122
충주 미륵사지 ··· 123
손주 오는 날 ··· 124
한글의 혀 ··· 125
동작동 현충원에서 ···································· 126

5부 만정리 저녁 풍경

강江 ··· 129
고향 집 생각 ··· 130
어머니의 가슴 밭 ······································ 131
능금에 쓴 수필 ··· 132
시래깃국 ·· 133
소중한 것 ··· 134
만정리 저녁 풍경 ······································ 135
노숙이 별을 보며 ······································ 136
그리운 눈물 ·· 137
맛 3색 ·· 138
오랜 이발소 ·· 139

구름처럼 흘러갑니다 ················· 140
연화장 판타지 ····················· 141
충주호에 켜진 불 ··················· 142
택배 ···························· 143
당신을 만집니다 ···················· 144
통학 길을 꺼내 읽다 ················· 145
내 집은 ·························· 146
빈집 ···························· 147
내 아버지 ························ 148
팽골이산 ························· 149
아름다운 서울 ····················· 150
첫 깃발의 땅 중원 ·················· 151
가을비 앞에 쓴 수필 ················· 152

■ 평설: 서정과 향수의 미학__153

1부 봄꽃

경칩

땅 뚫고 올라오며
휴 하고 숨 쉬는 것

그 순서에 내 마음도
하나 슬쩍 넣어본다

봄 생명
미끄러진다
기다림이 벌어진다

봄꽃

길가에 봄꽃들이
너무나 예뻐 보여

나 몰래 꽃가게서
꽃분 하나 사 들었다

당신이
이유도 없이
꽃잎처럼 생각나서

동백, 그 섬에

추위 속을 낙화하는 처연한 눈빛으로
그리운 마음조차 함부로 꺼내지 않던
저 붉은
매혹의 시간
통째로 고여 있네

물 써는 소리조차 한 줄의 시로 꼬아
바람의 가르마에 꽃송이를 올려놓고
낯설은
그 섬에 남은
성근 몸짓 어찌하나

풀꽃

풀잎이 아름답다
이름을 잘 몰라서

풀꽃도 아름답다
꽃향기 잘 몰라서

한적한
골짜기여서
외로움도 아름답다

동트는

관악이 또 북악이
한발씩
서로 먼저

뒤꿈치 곧추세워
손을 번쩍
치켜들고

엄마의
태반 같은 서울
부신 눈빛 퍼 올린다

목련

봄소식 짧게 쥐고 얼굴엔 점을 찍고
서둘러 떠나가는 저만의 축제인가
하얗던
봄날이 섧다
혼절한 꿈 쓰러진다

헝클어진 하얀 넋 얼굴엔 분을 찍고
서둘러 떠나가는 저만의 눈물인가
그 곱던
봄날이 섧다
설레던 꿈 쓰러진다

개미

지구보다 몇 배 더 큰 먹이를 입에 물고

어디론가 끌고 가는 숙명의 힘든 하루

신이 준 저 무게 지고 가늠한 삶 위대하다

신호

저 작은 풀잎 하나 웃어주니 파릇하다
저 숨은 풀꽃 하나 툭 쳐보니 아프단다
길섶에
나앉은 풀들이
슬그머니 손을 주네

소소한 바람에도 흔들리는 자잘한 것
저 작은 생명 하나 당신에게 웃음 주고
저 작은
여백의 몸에서
꺼내 주는 진한 향기

그렇게 살고 싶다

산 보고 꽃을 보고
텃밭 곁에
살고 싶다

그러다 밖에 나가
잡초 뽑고
돌 고르고

틈틈이 시를 쓰다가
푸른 날이
백발 되게

상감청자

저 옥빛 사다리로 천년 속을 걸어올라

가늘고 긴 목구비 쓰다듬다 타고 내린

눈부신 강산의 모습 하얀 밤을 다 태운다

봉선화

사월에 뿌린 기억 이맘때 유월이면
해맑음 붉게 벌어 예뻤던 누님처럼
살포시
담을 넘보듯
떨려오던 붉은 입술

손톱에 물이 들면 그리움이 돋아나고
우리가 어렸어도 순수하고 멋쩍었던
다음 날
아침까지도
상상 속에 안달했지

부끄럽다

허탈하다. 이 나이껏 붙들고 살았어도
이 가을 저 한 조각 낙엽만도 못한걸
어쩌리
어깨에 매단
내 행색이 초라해서

내 어머니

텃밭에 앉아 있는
외로운 하얀 나비

호미 끝 무디도록
가을볕 북을 준다

한평생
불볕 안고도
푸념 없는 당신은

풀꽃의 용기

저 좁은 돌 틈에다 뾰족한 잎을 밀어
하얗게 먼지 쓰고 기어이 꽃 피운 너
세상에
쉽게 피는 꽃
어디에도 없구나

무겁던 보도블록 저 풀꽃을 앉혀놓고
말없이 바라보며 애처로운 눈빛으로
저 작은
생명이 피운
삶의 용기 응원한다

코로나와 꽃길

오늘도 아픈 말로
입마개를 쓰고 있다

하루가 사흘이다
그러다 꽃이 지고

그렇게
부서진 봄날
비가 와도 삭질 않네

11월

햇날도 햇귀도 허리 굽혀 짧아지더니
조근조근 시려 오던 저 여윈 강물 위로
해 지는
노을 한 폭씩
머리 이고 11월이 간다

시의 생각

어느 날 가위 끝이 꽃가지를 자르는데
걸쭉한 수액들로 주르르 흘러내려
피 같다.
이것도 살생
손끝에서 눈이 먼다

생화를 자르는데 꽃을 꺾는 생각에도
세상에 살아있는 마음들은 울고 있다
향기로
시를 쓰겠다던
오늘 시는 문 닫는다

낙엽 길

황색 선 그 옆에서
낙엽이 웃고 있다

차가운 가을비를
얶어 쓴 고통 없이

한 해의
자부심이 산
넉넉함이 고마워

밥상

충의대 산 중턱서 밤 한 톨 주우려다
다람쥐 바라보는 그 눈빛에 그냥 놨다
저녁상
숟갈을 뜨다
눈발 비친 산을 본다

연상의 길

그대의 생각으로 달궈진 그리움이
초록이 오르듯이 뽀얗게 피어올라
한 번쯤 탈을 쓰고서
춤을 추고 싶어서요

그대의 팔에 안겨 눈물이 우러나면
미루나무 언덕에 열꽃처럼 매달려서
봄날의 다채로운 꿈
향기롭게 피고 파요

서럽다

장마도 미웠지만
막상 가니 서럽다

폭염도 지겹더니
더위 가니 또 서러워

이 나이
그 길 따라서
가는 것 같아 서럽다

속삭임

"꽃님 여기 잠깐만 앉아도 될까요"
그럼요 좀 적지만 얼마든지 가져가요
사실 전 이제 살날이
얼마 남지 않았어요

"꿀맛이 아주 달아요. 이 비결 무언가요"
글쎄요 마지막 내준 마음 아닐까요
이제 전 꿀벌 님 덕분에
내년에 또 만나요

입동 지나

축제 뒤 빈 잔처럼 제 빛깔 다 쏟고서
해 저문 나뭇잎들 겨울로의 길목인가
둥지에
벌레 소리 고여
절명시를 쓰고 있네

어머니의 맛

우리 집 베란다에 호박고지 말려본다
하지만 어머니가 투박하게 썬 것보다
고향 집
햇살이 말린
그것보다 못하다

어머니 그 마음이 버스 타고 올라와서
이 추운 겨울 아침 된장 속에 끓고 있다
당신의
기억을 말려
자식 입에 덜어준 맛

요즘 편지

한 사나흘 지난 뒤 어쩌면 한 이틀 더
뒤늦게 날아오는 편지를 받아보고
또 며칠
감성 잔잔한
손편지로 답을 썼다

가슴 아린 속사정도 말로써 쓰던 편지
지금은 영혼 없는 디지털이 삼킨 말들
한순간
전자우편 속에
숨은 글꼴 찾아 쓴다

가을 냄새

풀벌레 절기 아는지 입추 지나 울음 돋고
장마에 도로道路 헐려 돌 밑에 깔린 들꽃들
가을이 저만큼 오니
여름 버림
아쉬워라

달빛 고인 보름밤에 어른거린 그리움들
쑥부쟁이 꽃대 위로 들길 따라 핀 생각들
이쯤에 길을 멈추고
살아온 길
돌아본다

2부 그리움의 증표

그리움의 증표證票

내 그리운 영토엔 겨울눈이 자주 온다
감나무 둘러싸인 마당 가엔 장독 있고
고드름
길게 매달려
웃음 짓던 낡은 지붕

개울가 바람과 별 하늘처럼 흘러들어
해맑은 우물가의 이끼 낀 두레박은
그리움
한 바가지 남아
노을빛이 물든 곳

봄날

햇날의 등에 업혀 낮잠으로 나른하던
꽃잎에 앉은 바람 봄 길이 꿈길인 듯
시간이
멈춰선 이곳
또 할 일도 없습니다

미소 띤 얼굴마다 표정도 같은 이웃
바램도 부러움도 아무것도 없습니다
세상에
뽐낼 것 없는
그런그런 봄입니다

추풍령

그 봄날 달아오른
흰 구름 먹에 풀어

진달래 걸어오는
기찻길 그려놓고

추풍령
붉게 핀 언덕
꽃네 이름 꽂아둘게

봄비 소리

떨리는 추위마저 아직은 있다 해도
철없는 눈발마저 간간이 있다 해도
이 땅은 이미 천지간에
소리 없는 줄을 당겨

꽤 많이 기다렸을 엄동의 시간에서
조용히 눈을 뜨며 몸을 자꾸 부풀리며
어둠의 저편서부터
걸어오는 봄비 소리

한차례 비가 하는 고요한 기척으로
마음속 깊은 곳에 숨었던 싹 미소 짓다
그 소리 점점 커지는
봄의 호감 촉촉하다

혼술

불우한 저 희년稀年을 마취시킨 탁자 위에
녹색의 막걸리병 순진한 선동일까
술 없는
노을빛 하루
또 얼마나 삭막한가

아내여

가끔은 내가 아닌 아내가 되어주고
아내는 아내 아닌 남편이 되어보고
남편도
때론 아내가
되었으면 좋겠다

아침서 저녁까지 허리 휘는 가사 노동
한 번쯤 정기적인 주말 휴식 모르고 산
아내여
내 그 모습 속에
작은 위로 놓고 싶다

모란

꽃보다 더 친숙한 아름다운 이름으로
오월의 어느 곳도 흔히 찾기 어렵더니
시골집
여느 담장서
붉은 내력 피웠네

불타듯 너울거린 한 더미 저 우아함
진기한 꽃의 성어 엄마의 고움같이
기다림
무르녹아서
친숙하게 손 흔드네

이별

그 사람 남겨놓고 멀어지는 신호등은
걸음을 멈췄을 때 눈물로 쏟아진다
괴로움
이때다 싶어
장맛비는 굵어지고

건너기 싫은 마음 밟고 가는 눈빛 앞에
빨갛게 불이 켜진 영혼의 눈물 자국
빗소리
아스팔트 위로
부리나케 달아나

김치전

엄마가 부친 전은 언제나 달큰했다
먹을 것 궁한 시절 깊은 밤을 위로했던
그 맛을
아내가 하는
손끝에서 빌려본다

입안에 허기 머문 엄마 생각 넘기면서
한겨울 추위 뚫고 약간은 얼큰하게
엄마가
아내 얼굴서
언뜻언뜻 구워진다

염천炎天

말복이 코앞인데 폭염은 꿈적 않고
그악스런 태풍마저 나 몰라라 비껴간다
맥없이
스러져가는
칼끝 같은 여름이여

끓어도 며칠 후엔 말복이고 처서이니
이 땅도 어김없이 여름 가고 가을 온다
평안히
다독이거라
숨 막힌 계절이여

밤

울고픈 많은 이들
울기 위해 밤을 새고

외로운 많은 이들
외로움에 밤을 건다

아무도
가지 못한 길
밤을 위해 가고 있다

맨드라미

아, 이 꽃 화려함에 야생성이 비행한다
파편이 흩어져서 추락하듯 꽂힌 꽃술
기함이
시어를 이끌고
하늘가로 달려온다

붉은 욕망 어지럽게 얽히면서 나는 풍경
눈높이 매달려서 독사처럼 올라온다
벼슬이
흔들리면서
기운 확 뺀 혼령인가

그늘막

한낮 뙤약볕 아래 바람 한 점 고여 놓고
건널목 신호 앞서 기다리는 햇빛 가리개
한 뼘쯤 세상을 활짝 편
가슴속의 부채 같네

착하다, 너른 팔을 환하게 펼쳐놓고
너에게 다가가는 어느 눈빛 안 가리고
말없이 건네준 미소
거룩함이 드리운다

범계역 대로변에 땀방울을 식혀가다
푸른 하늘 파랗게 흔들면서 웃고 가는
너를 난[生] 시원한 생각
그 마음이 고마워서

아버지의 늪

밭에서 막 돌아온 등 굽은 마른 지게
평생을 농사밖에 모르고 산 내 아버지
고단해
코 고는 소리도
다 들녘서 온 거다

복伏날

"모레가 초복인데
그냥들 있을 거야"

"덕칠 네 황구 하지"
회관 안서 칼을 간다

"그리 혀"
날 선 눈빛들
여름밤이 섬뜩하다

*혀 – 하다. 하자의 충청지방 방언

시인의 계절

겨울은 아름답고 눈 내리는 슬픈 계절
성애가 서리듯이 무섭게 흐려진다
슬프게 아름답기론 시인이 그럴 거다

그래서 시인들은 겨울을 사랑한다
가난한 계절에는 겨울 시만 풍성하다
감나무 붉은 노을도 시인 생각 매달렸다

겨울 놀 차고 시린 허공의 붉은 행낭
무슨 말 무슨 생각 쓰면서 흔들릴까
마지막 세상 거처하며 붉은 삶을 사는가

시월의 밤

풀벌레 애처롭게 또랑또랑 치대 울다
어느 곁에 시름 많은 상처가 아물려나
마지막
허물을 벗는
가을 나무 서글프다

집 떠난 몸 보름엔 가고픈 마음인가
단단한 도시 껍질 화로 속에 던져놓고
매미가
떠나간 뜰은
외로움만 서늘하다

가을 산

가을 색 그려짐도 몇 날이나 남았을까
화려한 눈빛들로 곱던 품 안 오그라져
엄숙히
11월을 싸맨 산
붉은 눈물 서렸다

내 가을 시

남들은 쉽다지만 가을 시는 더 어렵다
남모를 속의 마음 조각조각 매달려서
누군가
기다린 지 오래
붉어서도 안 보여

익도록 좋아해서 의지했던 그 기억도
북적이는 저 단풍 속 울어도 오지 않는
그 길로
펑펑 쏟아지는
추억만이 쌓이네

태胎
 -순환의 계절

가을의 붉은 해가 시간을 떨굽니다
한 움큼 한 움큼씩 쿵 쿵쿵 내립니다
낙엽도
끝자락을 잡고
그림자를 지웁니다

이른 봄 새싹부터 꿈을 안고 살아온 길
푸르고 화려했던 함성까지 뒤로하고
한 꺼풀
지워낸 흔적
또 한 생명 놓고 간다

길 때문에

한 뼘만 더 달라고
칼날 대는 굴착기

한 줌만 남기라는
뿌리 잘린 백 년 송

누군가
말리지 못한
이 세태가 아프다

미륵불

저 느림 풍화 자락 만져 본 적 있는 건가
천 년의 햇살 바람 긴 시간을 고여 놓고
말없이
미소를 짓는
태연함이 여유롭다

더 깊은 혜안으로 바라본 적 있었는가
한 생이 가고 오고 억겁이 쌓인 흔적
부처도
비움을 지고
풍경 소리 내는가

오징어

횟집 기둥 사이로 매달린 저 붉은 업
대나무로 비녀처럼
벌려 놓아 째진 살
속까지
다 내주고 난
살빛마저 아려온다

또다시 햇살을 쥔 물기 없는 몰골에다
내 부모 인생처럼
왜 아무 말 없을까
마지막
바람 앞에 선
그 짠 냄새 아프다

가을 냄새

들녘서 불을 지펴 연기 속 콩 익으면
누렇게 물든 생각 볏단처럼 쌓이면서
어린 내
붉은 볼에도
가을 홍시 열린다

마음 담아 뜨는 달 한 아름 짊어지고
산마을 작은 분지 송이 냄새 내려오면
어머니
표고와 같은
그 얼굴이 생각난다

닳은 마음

산들도 오래 살면 낮아지고 부드럽다
비바람에 이것저것 말없이 다 내주며
구릉도
어깨 굽히고
마음 편히 업어준다

시간도 오랜 길을 달려오면 편해지고
나이도 들어가면 단단하다 부드러워
별들도
어두운 시간
좌표처럼 밝혀준다

매미

이슬만 먹고사는 저 청빈한 선비 보라
자신의 안식처인 나무에 접목되어
여름날 새벽녘까지 울어대는 뚝심까지

세상에 넘쳐나는 근심을 지우려고
이렇게 세찬 울음 그리움을 날리는가
바람에 몸을 붙여놓은 네 소리가 도도하다

뱃속에 티끌 하나 넣지 않고 날아가서
약한 자 울지 못한 그 설움을 대신하나
아픔도 퍼지지 않는 가슴 우린 바람 분다

3부 아플 때 피는 꽃

겨울 남한강

내 울음 첫서리도 저리 희게 내렸을까
새벽은 얼굴 내민 여명으로 껍질 깨고
어둔 밤 겪고 나온 너
차고 슬픔 시려워라

강어귀 철새 울음 목계*에서 이포*까지
아픔을 부숴가며 눕지 못한 여울 소리
강물은 또 입을 다문 채
뗏목처럼 흘러간다

갈댓잎 흔들리다 잘려 가는 바람 소리
뒤채던 그리움에 실어증을 앓고 있던
싸늘한 강물의 위엄
또 뜨겁게 피어난다

*목계, 이포 : 목계나루. 이포나루

사막의 詩

환영이 일렁이는 모래 속을 유영해도
빛 속에 반사되어 오지 않는 기다림은
이 세상 마음이 박힌 알 수 없는 투정이다

바람이 익숙하게 낙타 등에 피어나도
황량한 사막에서 견뎌야 할 시간 속은
보고도 감히 어려운 모래 위의 굴절이다

저 멀리 신기루의 그 속을 건너자면
그리움 잠겨오는 눈물이고 고난이다
후회가 덧입혀진다. 긴 속눈썹 끔벅인다

어머니의 홀소리
- 치매

봄 다음 여름 가을 그렇게 다가오다
풀섶의 시간대로 옹글게 익힌 다음
사랑이 반쯤 닫힌 귀로
또 예쁘게 잠을 잔다

누군가 잊은 이름 꽃잎처럼 바라보다
쉰 바람 한 점 없어 틈을 벌린 마른 입가
어머닌 사랑을 위해
그 뜨락서 밤새워

새벽녘 흐린 달빛 시(詩)같이 오물대다
아들의 가슴에다 손 한번 넣어보고
복되다 부럽다는 말로
컴컴한 길 혼자 간다

병산서원 소고小考

만대루 지붕 위로 병산이 들어오고
지붕과 마루 사이 낙동강이 눈에 흘러
좌우로 자연이 내다 건 경관 속에 빨려든다

서원의 대문 안을 들어서며 누하진입
또 계단 몇 개 올라 동재와 서재 만남
그 위로 대청마루에 문장 한 줄 내걸려

입교당 기둥 사이 깔고 앉은 바람 소리
처마 끝 서애 흔적 시경詩境으로 도란거려
이 봄날 짧은 입맞춤이 귓속말로 남는다

아플 때 피는 꽃

까맣게 은둔했던 유년의 향기부터
내 가슴 놓아둔 무넘기의 울음까지
찔레꽃 하얗게 번진 흔적으로 밀려와

비바람 모진 날들 어린 하늘 끌어안고
오월이 흠뻑 젖은 저 아롱진 꽃망울들
아픔의 내 눈물까지 어찌 저리 하얄까

아무도 알 리 없는 지난날의 가시 곁에
혀끝으로 젖어오던 그리움이 다시 흘러
눈시울 촉촉이 적시던 내 찔레꽃 피었다

겨울나무 시편

한 꺼풀 각질 벗어 버짐이 핀 나뭇가지
희미한 얼룩 위로 바람 써는 영하의 밤
허공에 몸을 가누던 안간힘이 애처롭다

손안에 오므리던 햇살을 고孤로 휘어
차갑게 부서지는 피돌기를 움켜쥐고
나직이 가슴을 잇댄 울음 끝이 시리다

한 움큼 파열음을 구부렸다 엎드렸다
온기를 감고 있는 가쁜 숨 뒤척이며
푼푼이 살을 붙이다 봄의 자릴 트는가

3·1절의 꽃 시

아름다운 우리말로 몰래몰래 시를 쓰며
그 말을 읽어보고 두 팔 걷고 일어섰다
삼천리 이 땅에 사는 모든 이가 시를 썼다

한 손은 밭을 갈고 한 손은 시를 날라
봄의 씨 한 줌 뿌려 피는 꽃에 춤을 췄다
그랬다 서러움을 잊을 꽃 이름을 불러댔다

단순한 꽃이 아닌 마음속에 시가 되어
그 꽃이 우리이고 역사이고 희망이 된
억눌려 힘없이 자란 그 꽃의 시 봄이 됐다

가을 녘의 사색

1. 노을
선지 빛 꽃 노을이 서산으로 흩어질 때
첫사랑 심정으로 살지 못한 삭은 연緣들
품속에 여미고 있던 착함만은 놓지 말자

2. 낙엽
구절초 하얀 눈빛 일교차로 벌어질 때
낙엽도 시를 쓰다 또 한 줄 고孤를 이고
가을비 마음에 엉긴 그 길 밟고 떠나가

3. 귀뚜라미
하세월 그 안에 녹緣 구성지게 토해내다
하늘 끝 저 땅만큼 가야 할 소리 내며
가을밤 귀뚜리 울음 또 숱하게 굴러가네

몽골, 어워*의 마지막 땅

고비의 저기 어디 사막이 남아있어
초원의 골짜기에 노래가 자라는 거
유목이 가르쳤는가
양 떼들의 울음인가

광야를 흔들고 선 깃발이 신神이란 것
그 구비 어디엔가 메마른 게르 몇 개
별들이 밤하늘에 내려
신령神靈으로 펄럭이네

무한의 삶의 체험 아직도 내놓는가
녹이 슨 제국의 혼 어워*의 마지막 땅
바람은 순례를 이끌고
칸*의 눈물 꼭 싸맨다

* 일종의 돌무지 신앙적 대상물
* 징기스칸

구족화가

발끝서 꽃이 핀다. 무한 송이 꽃이 핀다
이슬 맺은 이파리에 초록으로 물이 들고
입에 문 한 자루 붓이
나비처럼 날고 있다

발가락 사이에다 깍지 낀 붓 하나로
생각이 날고 싶은 어디든 갈 수 있다
적어도 캔버스 위에
장애란 말 필요 없다

폐어선의 낙서

삭은 채 누워있는 구부정한 어부 한 척
잡바듬히 저문 영혼 끝나가는 숨소린가
나른한 뻘의 뒤안길 찢겨나간 기억인가

한 시절 파도치던 엔진 소리 눈이 먼 채
갯골 위로 숭숭 뚫린 구멍 난 갈비뼈만
으서진 바람 한 점도 못 가린 채 너덜거려

부러진 시퍼런 날 싹둑 잘린 동토 위로
비릿한 갯내 물고 반쯤 묻힌 햇살 더미
깊숙이 더께 입은 영혼 그리움만 산란하네

바람의 노래

창문을 타고 넘는 솔잎 연기 사이로
빗줄기 몇 가닥이 재빠르게 지나가면
뿌옇게 건너다보인 바람 끝이 펄럭인다

장대 살로 퍼붓던 바람의 어디쯤서
소멸을 끌어안고 고스란히 맞고 있던
문밖에 두려운 이름도 영혼의 바람이다

어둠이 치솟으며 달려오는 바람의 날[끼]
저 잿빛 파도처럼 외딴섬 멍이 든 채
바람의 품에 안기면 제 몸 풀어 가슴 연다

축 처진 날개 사이 바람 한 점 없을 때도
사막의 낙타 등을 스치는 별빛이 있다
생명이 그런 거라면 바람이 그런 거다

슬픈 눈짓

까맣게 냉커피 속 얼음이 속삭일 때
멀리서 남극 얼음 슬프게 녹고 있네
지구촌
어디에서도
가위눌린 눈짓 하네

색색이 진열대에 가득 쌓인 페트병들
묻어도 썩지 않고 땡볕으로 올라오네
모른 듯
돌아선 길에
비바람이 엎어지네

무섭게 떨고 있던 낮달이 진땀 날 때
속으로 복받치던 땅이 끓고 쏟아져서
눈이 먼
일식 속으로
태양 빛이 울고 있네

가야금 소리

한 움큼 뜬 몸짓 현鉉 위에 입혀 놓고
바람에 긁힌듯한 오동잎 우는 소리
발효된 천년의 세월
눈시울에 혼魂이 섰다

한바탕 공명共鳴으로 바람 일 듯 구름 일 듯
달 없는 야청 하늘 둥기 당기 곱게 타고
저 멀리 어디만치 흘러
어둠 소리 사무친 밤

별빛이 흐르다가 그리움을 튕기다가
어깨로 흐느적임 현란하게 나부끼며
예 와서 농현弄絃으로 적신
영혼 한 줌 훨훨 난다

목련 일기

그늘 없는 가지에다 그 맑은 빛으로도
모든 걸 각오하듯 폭죽처럼 터져 나와
이 세상 비루한 것들
잠시 잊으라 하는가

무심한 비바람에 꽃잎 분분 날리다가
얼굴에 으깨져 난 검은 상처 쓰다듬다
한 며칠 짓무른 날들
뒷모습이 아프다

소풍처럼 왔다가 소문처럼 간다더니
한 생도 꽃잎처럼 부질없이 흩어지고
봄밤에 한 장 일기로 쓴
백지 위에 수심 고여

한여름 밤 무도회
　-박경량 춤을 보고

치켜든 버선코의 회목 아래 끝 떨림도
가슴에 끌어올려 숨차게 절룩이다
염念 하나 보에 싼 채로 애절하게 손짓하네

봉긋이 솟은 앞섶 가여운 눈빛으로
한 꺼풀씩 내던지다 가라앉나 싶더니만
허공에 한을 뿌리며 한 길 높이 타오르네

파르르 떨려오다 춤으로 괸 신음 소리
치마폭 솟아올라 숨 멎도록 후려치다
오그린 석 자 체구에 영혼 한 필 훨훨 난다

소금의 이름으로

빛이 된 바람이 된 가둠의 속음 앞에
흩뿌린 혼령에서 이 한 알 알갱이로
한 모금 사랑이겠다고
꽃이 되어 올라와

검게 탄 팔뚝 아래 기다란 고무래와
염전의 수차 타며 구릿빛의 대를 이은
염부의 삶에서 만난
짜릿함이 절여온다

가파른 파도 일어 이승 저승 넘어온 길
빛을 괴고 바람 들여 까불고 뽑아내어
뙤약볕 진한 맛으로
그 바닷가 하얀 이름

포은圃隱을 사색하다

한 생각 떠오르면 임 향한 단심丹心이요
회상의 눈을 뜨면 불사이군 충신이다
억겁을 살아남아도 그대 충절 변함없다

원망도 피눈물도 그 자리에 뿌리고서
한 가지 댓잎에서 곧게 뻗은 그대 영혼
떠가는 구름을 보며 그 이름을 불러본다

학문은 조예 깊고 시문학은 호방하며
진주보다 빛나는 성리학의 깊은 섭리
그대를 흠모한 마음 여기 한 점 부려놓네

소록도 한센인

천형의 멍에 지고 바다 건너 뿌려져서
하늘로 솟지 못해 눈물 고인 사슴의 땅
외딴섬 파란 풀밭엔 멍울진 삶이 있다

칭칭 감긴 외로움에 깜깜한 가슴속은
바다가 숨긴 말들 결 삭은 숨소리로
한 번도 읽어주지 않은 냉골 같은 시가 있다

그 몹쓸 손이 닿아 없는 감각 입에 물고
편견과 차별 속에 뭉그러진 몸을 비벼
그 바다 그늘 깊은 섬 시가 된 하얀 노래

수탄장 양옆으로 갈라섰던 붉은 혈육
해맑은 저 하늘도 눈물 어린 시 읊으며
해송이 가물거린다. 길이면서 슬픈 길

아름다운 춤, 말[言]

아녜스는 아름다운 연습이 필요하다
드디어 "앉아" 하고 자리를 가리키며
이 악문 안타까움이 오물오물 피어난다

두 번째 쉬를 하고 자신이 적셔놓은
바지를 갈아탈 때 두려움의 김이 난다
그렇게 보이지 않는 허드레옷 차고 넘쳐

5번 타고 성당 가서 십자가 성호 긋고
연약한 두 손끝에 묻혀보는 예수의 몸
기도는 아녜스*를 안고 성모 품에 일렁인다

* 아녜스 – 장애를 가진 아홉 살 손녀의 가톨릭 본명

제주의 詩

오름에 올라가서 별을 찍고 하늘 품고
바다와 검은 돌과 해녀의 바람으로
하룻밤 텐트를 친다
바닷새가 되어본다

저 멀리 불어오는 정情를 받아 펼쳐본다
바다와 숨비소리 반짝이는 파도 소리
끝없는 이어도사나
반지랍게 일렁인다

좋아서 내 기꺼이 파릇하게 출렁인다
화산의 용암에서 살아온 호기심도
동굴로 펄펄 끓어올라
에메랄드 철썩인다

문래동 주물공장

육중한 쇳덩이와 절삭기를 껴안고서
수십 년 한 세월을 춤추듯 깎아내며
이 한 길 갈고 다듬은
추물 공장 흑기사들

쇳물의 공간 위로 마디마디 타는 눈빛
컴컴한 혼자만의 문양을 도려내며
어둠의 살점을 녹인
저 밀어에 빛이 난다

작업의 무탈함을 기원하는 부적 아래
쇳물이 끓어오른 시뻘건 고로高爐 속은
오늘도 흑점이 끓는
무뚝뚝한 쇠의 노래

달빛 속어俗語

엄나무 순筍에 스민 달빛을 맞이하며
보름달 뜨는 날은 살 내음이 엎질러져
물소리 오르락내리락 여울처럼 흘렀지

조여온 심장끼리 주술처럼 흔들려서
보아도 보이잖는 힘에 부친 숨소리로
봄밤이 난처해진 듯 바람 솔솔 불었어

밤바람 따스함을 나른하게 품에 안고
저 멀리 두엄 냄새 향긋하게 뿌리면서
그림자 움직임 없이 기운 돋은 너를 마셔

화진포 밤 초소 풍경

하루해 벗고 놀다 빗장 건 어슬녘엔
긴장을 끌어안은 해조음도 고요해져
먼발치 물빛만 봐도 팽팽해진 해안선

파랗게 여문 밤을 몇 시간째 톺아내며
수백 촉 조명등이 지릅뜬 가시철망
달빛도 저리 희게 피어 외로움을 벗나 보다

떨리는 가슴 열고 고향 새 둥지 틀어
낡삭은 가지에다 발그리 핀 알을 품고
총구 앞 말끄러미 내린 별을 쪼다 잠이 든다

우리 꽃 무궁화

어떻게 저럴 수가 파르르 생각 든다
그 옛날 나라 잃고 떠돌던 우리 선조
온 나라 핍박과 설움 어땠을까 생각난다

장맛비 흠뻑 맞고 울 안 뜰에 붉게 폈다
분홍색 얼굴빛이 환하게 만개했다
안 봐도 알아줌 없이도 끊임없이 피고 지고

또다시 슬픈 역사 되짚지 않으려고
스스로 강한 잎새 푸르고 더 알차게
무궁화 더 귀하고도 아름답게 피었네

피맛길

쫓기던 골목길이 어설프게 살아나도
미끈한 빌딩 앞에 초라해진 피맛길은
무심코 멋을 잃은 뒤 그리운 줄 알았다

큰길 뒤 좁은 통로 얼기설기 눈을 지펴
지난날 기억 속을 쉴새 없이 걸어봐도
기다란 시전市廛 뒷골목 선술집만 남은 냄새

외톨로 남아있다 정든 길 떠나게 될
열차집 청일집도 이름 모를 흔적 되어
피맛길 그 땅속 아래 층층 삭을 허물인가

옹 박힌 홍살문에 "피맛골" 이름 석 자
지워진 발자국들 저 기둥에 붉게 칠해
여벌로 한 조각 새긴 서글픔이 눈물 난다

하늘재에서

마음을 걸러 내는 산문에 들어설 때
여름 풀 벌레 소리 시끄럽게 목을 태워
투명한 물소리 타고 산보다 더 깊어진다

구름 한 점 따라오니 외로움도 묻어오나
나직한 절집 한 채 어린 누이 눈물 같아
한 생을 견뎌 나온 숲은 티끌만한 마음일까

하늘재 입 다문 채 화엄의 경계에다
고갯길 멈칫멈칫 깎아 놓고 세워 놓고
입술 문 저 흔적 앞에 미륵으로 차오른다

황태

코를 꿴 추위 속에 찬 바람을 이고 선 채
한 동이 저 시린 눈 입안 가득 밀어 넣고
어둔 밤 화엄의 시간 꽁꽁 얼린 겨울 진객

대관령 샛바람을 버무려서 얼다 녹다
서너 달 반복하며 올라오는 속살에서
황금빛 이름을 얻어 명품으로 새긴 이름

명태로 떠나온 너 고향 이름 지워내고
천명의 깍지 끼고 살을 짼 마른 몸이
황태의 영광을 입고 혀를 적신 이름이여

4부 가을 나무 행복하다

가을 나이

노을빛 쓸쓸하다 꽃도 지고 잎도 지고
이제는 가을마저 지려고 하는구나
이 나이 다다르다 보니
가을 정취 울음 깊다

언제의 가을인가 우수수 굴러다닌
낙엽을 바라보니 재미있던 그 모습도
가을의 나이로 익어
색 바랜 몸 가볍다

보고 싶지 않아도 가을 민낯 보게 된다
지는 해 내려 놓을 때 지우면서 잊어야 할
나이 외 더 얻을 것 없는
가을 표정 가을 말

저녁놀 시경

풍광도 이쯤 되면 하늘이 안 부러워
모래에 쏟은 석양 신이 만든 선물인가
해변이 거울을 문질러 석양 입은 저 모습

알몸이 부끄러워 구름 불러 가리다가
바닷물 머금은 채 켜켜이 드러낸 살
수평이 내디딘 발로 깊이 팬 놀이 곱다

모래의 입자들을 운문으로 끌고 가다
어둠이 들어오는 썰물에 엎어져서
시간이 가는 줄 모르고 침식당한 시 한 점

가을 선시禪詩

비움 한 새벽부터 명치끝이 아리더니
내생에 가을 며칠 사무치게 돌아와서
장작불 타던 날들이 가을비에 젖고 있다

그렇게 삭인 눈물 아등바등 사는 일도
가을 길 낙엽 따라 단풍 들지 말라고
선시로 절여낸 가슴 부질없이 넓었어라

갈바람 부는 날에 가을 산 가거들랑
진하게 달인 말들 단풍처럼 물들여서
어디로 또 멀리 떠나 한 사나흘 묵고 싶다

모정

아들의 첫 출근 날 새 옷이 구겨질까
어미는 조심조심 소매 끝을 다독이며
봄 햇살 여리디여린 가슴 위에 손을 얹네

봄풀이 따사로운 온기 딛고 올라와서
갓 피운 고운 얼굴 숨차게 선연해서
고되던 지난 시절의 어미 눈물 김이 나네

섣부른 내색 없던 눈물마저 꺼내 보며
무엇에 교감으로 마디마디 전율할까
가슴속 살뜰한 태반 소박하게 단물 든다

봄꽃 핀다

빛의 망토 두르고 아기처럼 걸어온다
눈처럼 소리 없이 밀물처럼 스멀스멀
아직은
잠이 덜 깬 채
봄을 살짝 건드리며

어둠의 등에 업힌 웅크린 구석에서
한 며칠 소리 없이 파랗게 움이 트다
저렇게
이음새 없는
포옹하며 걸어온다

햇살이 야무러진 허공을 치켜들고
하늘과 땅 사이에 가득 찬 기운으로
마침내
멈칫거리던
꽃냄새를 묻힌다

가을, 거둠의 생각

저문 밤 벌레 소리 들리느니 서늘하다
가만히 밀려오는 그림자를 등에 업고
채운달 마중을 하는 마른 뜰도 쓸쓸하다

봄부터 푸른 날들 눈부시게 부리면서
누렇게 익혀 놓은 힘든 시간 기억하니
한 해의 먼 길 걸어온 위로의 말 생각나

내밀던 손을 잡고 짓누르던 바람 끝도
삭아서 빛이 되고 떨어져서 솟아올라
인기척 벌어진 자리 차곡차곡 쌓이네

찔레꽃 저편

여름 햇살 궁핍의 계절에도 눈부셨다
긴 세월 접은 길목 그 바람 속 뛰어들어
먼발치 하얗게 피어 눈시울로 붉어짐은

봄과 여름 경계에서 피어나던 적막으로
뒷산이 흐드러지게 허기마저 길어지던
지금은 흔적 없이 사라진 그 남루가 또 피어

누군가 보고픈 맘 은밀히 꺼내 들고
어린 하늘 비비며 가슴 빈터 들이대다
손끝도 찌르지 못한 통증으로 피어올라

가을 쌍개울

저만치 여울 소리 무명옷을 적셔내듯
갈대도 햇날 업고 하늘대는 시월 자락
쌍개울 헹구던 바람
삭은 듯이 흘러가

청계의 학의천과 백운호수 안양천이
단정히 흘러내려 가르마 탄 자전거 길
한강을 거슬러 온 햇살
살 속 깊이 굴러가

파랗게 놀 진 하늘 쑥부쟁이 위에 앉아
갈바람 혀를 물고 땀땀이 섶을 기운
가을이 못 여민 한 수
시 한 편을 도려낸다

기러기, 귀향을 읽다

저 한 몸 바람 되어 날아가고 싶었던 날
고향길 향하려고 또 날렵한 선線이 되어
북으로 고개를 틀어 하늘 젓는 고孤의 길

내후년 다시 오마 남기고 온 믿음 물고
허기를 지워서 준 친구 같은 남쪽 산하
아아 아 살을 에워주고 품어줘서 고맙다

한 철의 인연으로 둥지 펼친 마음으로
우리가 다시 만날 그리움의 눈빛 놓고
또다시 바람이 되어 하늘 멀리 꿈이 된다

겨울 단양팔경

적막 위로 떠 있는 빛 알갱이 눈부신가
짙푸른 노송 위에 앉았던 백로 한 마리
물 위로 검은 그림자 벗어놓고 날아간다

겨울 강 돌과 물 모두가 눈에 묻혀
경계를 가늠하기 어려운 빛의 조각
기세를 죽인 채 잠든 회색들과 검정 조화

어쩌다 환청인 듯 시간이 수런거린
얼지 않은 계곡까지 멈춘 듯한 겨울 위에
하얀 눈 생의 흔적 하나 착시로 남겨본다

가을 나무 행복하다

가을이 맑은 것은 나무의 가지마다
부지런히 하늘을 비질한 때문이다
그 영혼 하늘에 닿아
붉게 물든 낙엽들

바람 끝에 날리는 이 땅의 숨결에도
온 힘으로 뿜어낸 아름다운 서걱임도
나무의 깊은 심성인
생명의 율동이다

잎 떨구고 궁핍해진 나무 얼굴 너그럽다
가지마다 생명의 등불을 내다 걸고
겨울 날 채비를 하는
그 앞에서 행복하다

어느 행렬

아, 이별 늙음, 죽음 그리고 소멸하는
이 세상 횡포하던 견딜 수 없는 쓸쓸함이
밤하늘 어느 가슴에 별똥으로 지나간다

통인시장 낯익은 골목을 오고 가며
가을꽃 향기롭게 들끓던 세월 하나
지금 막 흰 리본 달고 사모하는 식을 올린다

슬픔을 감아내는 시린 눈발 몸을 감고
그리운 이 공간을 떠나가는 흔적 하나
어디로 불화로 지고 아픈 화석 해산하나

십자가의 길 앞에서

미사를 봉헌하고 십자가의 길 바치며
당신의 잔뜩 찌든 그 모습 보았지만
삼십 년 훌쩍 넘도록 아픔조차 모릅니다

해마다 이맘때면 돌아오는 사순 시기
이제는 고통받는 예수님의 가시 하나
제 몸에 꽂아 보아도 그 눈물을 모릅니다

당신의 저 힘겨운 피땀 안에 나의 죄가
무겁게 매달린 채 노는 모습 철이 없어
지금도 당신께 향한 기도마저 허합니다

당신 앞에 조아리며 핏물처럼 외는 기도
걸림돌 하나 없는 저 들판에 걸어두고
십자가 그 수난의 못에 찢어지게 박으소서

유기견

누가 그랬을까 뭣 때문에 버렸을까
홀로 남은 골목길서 어둠을 치대다가
힘없이
풀어진 눈가에
나뒹구는 저 불안

저 아린 눈빛으로 오가는 이 쳐다보다
또 몇 바퀴 배회하다 목줄을 감아쥐고
참으로
먼 길을 가야 할
저 하늘만 쳐다본다

오늘도 그 구겨진 두려움을 입에 물고
이 동네 저 동네를 힘없이 쏘다니며
노을빛
허기지도록
사막 길을 가고 있다

낙엽의 지움 앞에서

저 붉은 눈물 안고 말없이 지는 낙엽
한 치도 후회 없는 희열의 살점으로
한 보름 다 벗은 채로 지며 울다 울며 지다

억새가 흔들려도 별들이 쏟아져도
아침서 저녁까지 이우는 눈빛으로
속의 말 바람에 섞어 그 세월이 고인 눈물

누구나 벗을 길이 어딘지를 알면서도
모난 돌 틈에 서서 그 한 생 빌려주고
가을 산 잠시 비우는 그 이유가 있었구나

말없이 앉은 채로 벗은 몸을 썩혀가며
가진 것 다 내리다 허허롭게 지워보다
외로움 길들이면서 살 끝 지진 바람 운다

송해길 풍객

외투 입고 밤길 걷는 송해길 저 노신사
턱 하니 할 일 없이 눈 내린 길을 안고
흩뿌려 가늘게 덮는 흰 머리칼 날린다

구수한 풀빵 냄새 팥고물 한입 물고
천 원에 한 잔 마신 소주처럼 따듯해서
파묻은 지난날들 헤쳐 웃음 짓는 낭만 객

그때의 기억으로 외로움도 으쓱하다
지는 날에 혼자가 된 어두움의 수명처럼
멋지게 겨울이 필요한 추억 속의 길을 걷네

생의 가을

늙으면 햇살 잘 든 허름한 집 한 채 꾸며
살아온 시와 함께 친구 삼아 살고 싶다
늙어서 웬 시냐 하고 물어보면 그냥 웃고

지는 놀 외로움에 멋쩍음의 바람일까
한평생 소박한 삶 이만하면 되는 거지
해종일 햇살 놀이하듯 침침해진 글을 쓰고

오는 이 있든 없든 그 시절을 되 읽으며
스무 살 젊음처럼 놀란 문장 떠올리다
누군가 마음이 오면 차 한 잔을 권할 거다

손등이 거칠어도 호미자락 거머쥐고
푸릇한 숨결 골라 시어처럼 경작하며
마음 밭 서성이는 글들 곁에 두고 살 거다

10원짜리 동전

녹이 슨 그 얼굴에 10원이라 쓰여있다
자신이 가치를 쥔 저 글자 어떡하나
이제는 자판기에도 들어가지 못하는 생

커피 한 잔 빼먹으려 동전 30개 영 아니다
묵직한 유리병에 해골 같은 묵무덤들
십오 원 버스 타던 때가 그립도록 매달린다

아버지 흰 머리칼 10원씩에 뽑던 생각
10원짜리 칼을 사서 연필 깎던 생각들에
발행된 신형 10원 주화 뜬금없이 슬퍼 보여

부산항 3 부두

아! 우렁찬 부두여 등에 멘 엄청난 용기
이 몸이 스러져도 내 조국 일어서고
내 땅이
지어준 이름
이역만리 달려간다

전우여 우리 용맹 하나가 된 충성 앞에
낳아준 어버이여 길러준 조국이여
전장의
어둠을 헤쳐
승리하고 돌아오리라

* 1970년 6월 부산 항구 월남참전을 회고하며

고궁의 노인

낙엽 진 종묘공원 석양볕을 지펴놓고
어깻죽지 뒤척이며 사위는 기침 소리
고독한 가을로 덮인 지난날이 곪고 있다

궁궐 벽 담장 아래 허리 굽던 그림자도
주름진 눈망울을 누에처럼 오므리다
어둠이 잡아당기는 그늘 키를 재어본다

한세월 절며 절며 허접스레 살아온 길
실없는 생각에서 낮달처럼 피식 웃는
한 생이 지고 온 무게 어디 만큼 이운 걸까

충주 미륵사지

뉘 시대 미륵인가 달빛 아래 훤칠하다
월악의 미륵사지 석불의 둥근 얼굴
천년의 염원을 잇는 미륵 세상 펼치는가

하늘재 적막 아래 불심 가득 고여 놓고
물소리 갈기 세워 흘러가는 송계계곡
촉 틔운 풀벌레 소리 산보다도 더 깊어

범종이 내려앉는 산자락을 베고 누워
밤새도 못다 읽을 경전을 외우는가
번뇌의 눈물 하나가 바람 소릴 넘긴다

손주 오는 날

갓 익은 참외 따서 헝클어진 땀 훔치곤
머리에 이고 오며 무엇이 그리 좋은지
할머니 그을린 얼굴 웃음이 범벅입니다

감자 캘 때 넌지시 봐둔 알이 찬 옥수수와
빨개진 토마토랑 손주 손에 들려주려
할머니 점심 걸러도 배고픈 줄 모릅니다

담장 밑에 피어나 당신을 희게 닮은
접시꽃도 목을 빼고 큰길만 가리키며
할머니 마음 펼쳐 들고 동구 밖만 봅니다

한글의 혀

이렇게 기역니은 입 밖으로 소리 낼 때
혀끝서 구부러진 모양이 환상처럼
이 소리 세종대왕인 창조자의 그리움이다

홀소리 아야어여 소리글자 한글아
만물이 정을 통해 서로가 들랑거린
도로 위 자동차 가득 달려가듯 소리친다

문자를 만들어서 움직이는 한글의 미래
산들산들 자음 모음 바다의 파도처럼
하얗게 끝없이 풀어낸 세상의 항해자다

동작동 현충원에서

새벽 강 삭임질로 어둠 걷은 이 땅에
초록의 짙은 유월 다듬은 하얀 숨소리
장엄한 아침 나팔 소리 그리움이 피어난다

임이여 이 땅 위에 놓고 가신 봄볕처럼
충혼의 아늑한 기운 당신의 눈가에서
지금 막 내려앉고 있는 아침이슬 영롱하다

맑은 바람 사려낸 녹음 곁에 문을 열고
마지막 투혼까지 깃발 위에 맴도는 넋
당신의 끝없는 염원 노를 젓게 하소서

붉게 타는 젊은 날 속 대한의 영령이여
이 나라 하늘 위로 펄럭이는 깃발 아래
당당한 새날을 위한 슬기로운 염원 되소서

5부 만정리 저녁 풍경

강 江

더워도 흐르는 강 추워도 흐르는 강
세상이 징그럽게 싫어도 강은 흘러
눈에는 보이지 않아도 살아서 흘러간다

흐려도 강 흐르고 맑아도 강 흐르고
아련히 사무치고 좋아도 강은 흘러
우리가 바라보는 강 또 그렇게 실려 간다

인생은 강과 같이 어울려 살아가다
물결이 끈적거린 기쁨이나 슬픔처럼
살라고 주어지는 것은 절망 아닌 희망이다

고향 집 생각

골목길 걸어가는 그 길이 누추해도
어둠이 군데군데 때 묻은 채 누웠어도
한 번쯤 그런 동네라면 달려가 살고 싶다

긴 밤에 소록소록 요를 덮는 눈발 속에
부엌서 묵을 치는 엄마 소리 들린다면
마실 온 동네 사람들 밤새는 줄 모르지요

까맣게 멀어지는 정情이란 그 한 글자가
밥물이 끓어올라 구수한 김이 나듯
한 사날 가마솥 곁에서 관솔 냄새 맡고 싶다

어머니의 가슴 밭

무명천 가슴 속엔 웅덩이가 패어있다
육 남매 햇살 엮여 곱게 기운 옷자락은
남모를 눈물 자국에 닳고 닳은 가슴 밭

어둠 속 흰 머리칼 비집고 자란 세월
살 내음 버짐 피듯 말없이 덕지덕지
칠순의 고개를 넘는 이랑 곁은 외롭다

꽃 같던 그 시절도 자금자금 허물어져
도처에 눈물 마른 주름살로 늘어져서
관절이 허우적대는 그 날 오니 눈물 난다

능금에 쓴 수필

가뭄과 비바람도 불평 없이 견디면서
이 고생 끌어안고 덩그러니 열리더니
그 봄날 하얀 꽃피워
어느새 붉은 네 얼굴

한낮의 땡볕에서 늦은 밤의 달빛까지
너를 도와 허리 한 번 제대로 못 펴본 채
구슬땀 꾹꾹 참고서
주렁주렁 널 키웠다

그 마음 과년한 딸 바라보듯 흐뭇해서
말없이 건네주는 네 고맙고 착한 눈빛
제 자식 품에 안고 키운
그리움도 쟁여있다

시래깃국

무청을 냉큼 잘라 새끼꼬듯 엮다 보니
배고픔 그보다도 마음이 그리운 시절
지금은 영혼의 허기를 기역으로 매단다

할머니 어머니가 끓여주던 내 유년도
기억이 돌아와서 얼굴을 마주 보며
이 추운 겨울날 밤을 호호 불며 끓고 있다

행여나 감기 들면 목구멍 뜨끈하게
국물로 넘길 거다. 고향도 옛 친구도
불콰한 노을 색깔의 얼큰한 그 맛처럼

소중한 것

이십엔 연인이란 나보다 무거웠다
마흔엔 밤새 보챈 아이가 소중했다
지나니 그것이 맞다
사랑은 늘 그랬었다

나보다 귀한 거란 그것을 알게 되면
내가 산 세상보다 네가 살 세상 위에
모두가 더 아름답길
인내하며 알았다

나보다 더 아껴 줄 그들이 있다는 거
세상에 목 놓아서 부르고픈 이름이라
오늘도 그 좋은 인연
소중해서 바라본다

만정리 저녁 풍경

철길을 넘긴 해가 그림자만 남겨놓고
족싸리 흔들리며 기적 소리 녹슨 철길
밭두렁 길금콩 쭉정이 그마저도 정겹다

마음속 외로움은 눈 감은 듯 표정 없고
도랑가 송사리 떼 돌막 위의 민올갱이
아무도 찾아오지 않는 적막 얽힌 이 저녁

박꽃이 지붕 위에 저녁 바람 걷어놓고
별들이 내려와서 반딧불이 같이 사는
깊은 밤 달빛을 안고 그리움이 물든다

*충주시 대소원면 만정리(마을 이름)

노숙이 별을 보며

해는 숨고 눈 감은 달 그믐 속 밤하늘은
칠성별 어찌 저리 초롱초롱 빛이 날까
고향의 그 영혼 품은 하늘에다 상소한다

한뎃잠 눅진한 몸 뒤척이는 이 한밤중
제 몸을 하나 태워 세상일 못 밝힌 채
밤하늘 되비친 별빛 무릎 꿇고 울고 있다

이 밤도 그 어머니 헤진 마음 깊고 깊다
자정을 훌쩍 넘어 혼자 우는 칼바람 속
노루잠 들지 못하고 자식 생각 날밤 샌다

그리운 눈물

할머니 산소에서 한 일 년 자란 풀도
외로운 적막 없고 잔디처럼 이쁘게 커
풀벌레 후드득 하고 반가움을 내놓는다

무엇이 미안해서 무엇이 고마워서
낫 들고 미안한 말 죄송한 말 풀어놓고
봉분 앞 털썩 주저앉아 그리움을 흘릴까

덥수룩한 풀을 깎고 깊은 절 올리려니
생전의 모습 들춰 곱게 빚은 웃음으로
용머리 마주하고 핀 조팝꽃이 한창이다

맛 3색

1. 열무국수
살얼음 낀 빨간 국물 온몸을 관통한다
열무가 빚은 단맛 수다스런 신맛까지
함께 산 오랜 부부같이 살갑게 우러난다

2. 만두
베란다 창 너머로 하얀 눈이 속삭이듯
상앗빛 만두에서 하얀 김이 종알종알
입맛이 밀물처럼 물든 목계 이모 손맛 같다

3. 빈대떡
바삭한 그것부터 고소하고 달칙하다
두툼한 살집부터 구수하게 입안으로
간간이 아쉽지 않게 고기 씹힌 그 맛이다

오랜 이발소

하루만 자고 나도 달라지는 요즘 세상
우리 곁 못 떠나고 골목 지킨 노포老鋪 하나
어느새 떼지 못할 만큼 정이 든 이웃이다

골목길 구불구불 지나다가 마주치는
슬레이트 낡은 지붕 세월이 내려앉은
기억 속 할아버지 때부터 뒤를 이은 이발소다

열댓 살에 가위 잡은 그 길 벌써 오십 년을
꼿꼿하게 세월을 견뎌온 고집 땜에
이발소 예스러운 모습 오랜 단골 고향 같다

구름처럼 흘러갑니다

고래실 논배미서 서둘러 크게 자라
누렇게 고개 숙인 옹골찬 벼 이삭들
대대로 부지런했던 어른처럼 익었다

도랑 곁 비알 밭서 가을 생각 치켜들고
키가 큰 조카처럼 빨간 손을 흔들어준
묵직한 수수 알갱이 보란 듯이 웃고 있네

새참에 따라 나온 고구마 한 개 집어
입안에 한입 무니 그 옛날이 뭉클해져
그래서 하늘 바라보니 지난날이 흘러간다

어디론가 바삐 가는 구름처럼 살아오다
그런 날 돌아보니 참 아쉽게 산 것 같아
불현듯 그을린 생각들 눈시울로 젖어오네

연화장 판타지

불길 속의 화로가 1000도를 넘나든다
2시간 지나가면 사라질 흡인력에
가루 뼈 어디로 윤회할 함초롬한 꽃인가

적막도 두려움도 벗어나는 허한 감옥
저 길 끝 낭떠러지로 떨어지는 궁금증에
영혼의 하얀 리듬은 길이 없는 길을 간다

빼꼭히 지난 시간 물음표 하나 남기고
가을 햇살 따라가는 박제 없는 동선 따라
행성의 기억에도 없는 한순간의 딸꾹질인가

충주호에 켜진 불

시린 달빛 지나가는 가을밤 호수 위로
물빛 딛고 떨어지는 티 없는 낙엽 소리
밤 여울 점점이 박힌 살 속 깊은 내 고향

철탑 아래 흘러가는 어둠의 청음까지
하루를 곱게 입힌 풀벌레의 울음소리
깊은 밤 불을 켠 산은 둥근달이 포근하다

기러기 하늘 길로 별자리를 펼쳐놓고
산 넘어 기찻길서 충주호를 바라보던
그리운 산새 한 마리 어머님을 그린다

택배

시골의 친구한테 택배 감자를 받아본다
평생을 농사 지며 욕심 한 번 품지 않고
산촌에
틀어박혀 산
천상 농군 그였다

들꽃이 지천으로 피어있는 둑에 앉아
산새들 종일토록 친구삼아 곁에 두고
친구는
착한 토양에
또 싹 틔워 북을 준다

당신을 만집니다

보드랍고 반드럽던 당신을 만져보며
얼굴에 잡힌 주름 희끗희끗한 머리칼도
사랑이 그치지 않은 깊은 당신 마음이죠

이 여름 끝에서도 가을 익는 당신 들판
밭고랑 잡초처럼 일어나는 거친 살갗
당신을 괴롭혔어도 좋은 곡식 거뒀지요

아파도 내색 않던 당신의 가슴 밭을
손마디 울퉁불퉁 엉기도록 모른 내가
아직도 물색 고운 당신 그 사랑을 만집니다

통학 길을 꺼내 읽다

잠을 깬 새벽 시간 아릿한 기적 소리
소이서 충주까지 책가방 깔고 앉은
어둠이 채 식지 않은 열차 칸은 항상 만원

달아난 새벽잠이 매달리는 수업 시간
창밖은 메꽃 피어 슬렁슬렁 흔들리고
아무리 눈꼬리 올려도 늘어지는 나른한 몸

몰라도 해야 하고 싫어도 갈 가방끈 삼 년
지루한 여름 땡볕 끝나도록 치열했던
녹이 슨 낡은 철로 위 오십 년 된 열차 친구

내 집은

내 집은 관악 아래 전망 좋은 아파트다
눈앞이 산을 펼쳐 넓고 푸른 마당이고
조금은
좁은 듯싶어도
두 아들로 더 넓었고

아침은 햇살의 창 하루가 눈부시다
낮에는 덩그러니 집을 비워 심심해도
저녁놀
붉게 피다 가면
밤하늘 별 들어오고

하루를 가슴 풀어 땀으로 내어주다
돌아온 풍경 속은 그리움이 묻어나고
마음엔
모서리 없는
여울 소리 너그럽다

빈집

버려진 행랑채의 빛바랜 기둥 새로
바람은 바람 집이 거미는 거미집이
대문을 지켜주듯이 문고리를 쥐고 있다

해 담근 장독대는 다람쥐가 주인이고
마당 가 꽃다지도 지천인 냉이꽃도
봄 꿩이 앉았다가도 기척 없는 처마 끝

저녁놀 지고 오던 주인 잃은 멍에 자루
허기진 외양간만 우두커니 바라보다
한 시절 그리움 묻은 앞들만을 가리킨다

내 아버지

칠순의 구부정한 저 농부가 내 아버지
들에선 낫이 되고 밭에서는 소가 된다
깡마른 저 체구에서 무슨 힘이 나올까

땅 파고 지게 지고 땀방울로 패인 주름
유월의 뙤약볕에 삭은 몸을 이끌고서
한나절 어깨 빠지게 언덕길을 오르네

천 리 밖 낯선 도회 보내놓은 자식 생각
말없이 먼 하늘을 어둡도록 치켜보며
그래도 내 자식만큼은 잘 키웠지 하신다

팽골이산*

시린 달빛 지나가는 가을밤 창밖으로
불빛 딛고 떨어지는 티 없는 낙엽 소리
구름 속 점점이 박힌
내 고향 밤 산의 불

탄금대로 흘러가던 물빛의 청음에다
하루를 곱게 입힌 풀벌레의 울음소리
깊은 밤 불을 켠 산은
더불어 포근하다

짝하고 싶은 마음 밤새워 열어 놓고
아직도 기찻길 옆 그리움 따라오듯
어디서 또 귀에 익은
산비둘기 우는 소리

* 충주시 금능리에 있는 작은 산 이름

아름다운 서울

도성은 은은하게 조명 켜진 야경으로
태조의 시작부터 600년을 오기까지
남산과 인왕산 북악산 낙산까지 품었다

산기슭 구불구불 이어 내린 곡선으로
커다란 높낮이로 오르내린 성벽 아래
석조가 다른 돌들로 아름다움 창궐한다

혜화문 흥인지문 여기까지 많은 사람
성벽의 안팎으로 서울 야경 불 켜지면
저 멀리 북악을 지난 성벽의 빛 찬란하다

머릿속 옛 한양의 지도를 그려놓고
오늘도 돌아보면 궁의 역사 올라오는
오백 년 조선의 역사 한양 지킨 이름이여

첫 깃발의 땅 중원

숨결은 남한강의 기운으로 흘러가고
가슴은 중원 땅의 공기로 채워져서
육신이 그 자연 속을 걸어가고 있는 땅

달래가 목행리가 빚어내는 여울 소리
언제나 나를 키운 가득한 향수 속에
온천이 육신을 통해 산과 들을 데워준다

중원 땅 너른 들이 허투루 있지 않고
비운 곳 채워주고 껴안아 주는 것은
내 삶의 첫 깃발이란 모성 지닌 당신이다

살면서 피어나는 능금 꽃 향기처럼
어디든 시작되는 아름다운 풍광처럼
언제나 꽃피는 고향 그리움이 가득하다

가을비 앞에 쓴 수필

길 막고 걸음 멈춘 가을비에 눈물 젖네
이상한 여름 가고 수심 입힐 푸른 잎들
뒤처진 비가 그치면 가을 이름 슬퍼져

9월은 깊어지고 바람 끝은 서늘한데
혼자만 고독함에 잠겨있는 아린 마음
형용사 또 하염없이 떠오르다 쏟아져

실없이 동경하고 그지없이 그리다가
어딘가 가고 싶던 향수마저 눈을 감고
서운한 얼굴빛 헤진 가을밤이 외롭다

햇살 든 구름 속에 이런저런 생채기도
외로운 위로의 말 나지막이 울컥하다
유난히 짧아진 해가 능선 너머 꼴깍하네

■ 평설

서정과 향수의 미학

김흥열
(한국시조협회 명예이사장)

I. 들어가며

　예성藥城 김태희 시인은 협회에서 만나 알게 된 후 많은 교분은 없었지만 고향이 충주라는 말에 남다른 친근감을 늘 가지고 있다. 필자는 충주가 고향은 아니지만 30대 후반에 충주에서 근무를 한 적이 있어 특별한 애정을 가지고 있다. 충주는 제2의 고향처럼 많은 향수를 느끼게 하는 고장이다. 특히 좋아하는 수석을 시작한 곳도 그곳이고 많은 친구를 얻게 된 곳도 그곳이며 지금은 고인이 되신 정진석 추기경(당시는 청주교구 대주교)으로부터 견진 세례를 받은 곳도 거기이다. 그러니 남다른 애정을 가질 수밖에 없다.
　예성 시인은 누구에게서도 사사師事를 받은 적 없이 오로지 독학만으로 시조를 배우고 익혀 1985년 중앙일보 주최 중앙시조백일장에서 당당히 수작秀作으로 입상한 경력을 갖고 있다. 벌써 36년이 된 오늘까지 오직 시조만 해 오신 분이시다. 중앙일보시조백일장 8회 입상을 비롯해 <대은변안열 시조문학상> 대상, <황금찬 시문학상> 등등 17차례 문학상을 수상한 대단한 이력을 갖고 계신 분이다.

 우리 시조는 8백여 년의 역사와 전통을 가지고 있으면서도 이방인의 역사처럼 문단에서조차 인정은 물론 제대로 된 대우도 받지 못하고 간신히 그 명맥만 유지해 오다가 (사)한국시조협회가 창립되면서 시조를 부흥시키려는 노력의 결과물로서 2021년 4월에야 드디어 "문학진흥법"상 '시조'를 문학의 한 장르로 인정한다는 정부의 공식적인 입장을 받아 냈으며 입법을 통하여 "문학의 정의"에 공식 포함시킴으로써 당당하게 그 위상을 드러내게 되었다.

 '시조'는 내적 외적으로 특별한 형식인 정형에 맞춘 문학으로서 그 서정성에서는 일반 자유시와 크게 다를 바 없지만 그 격이 엄연히 다르고 시인이 사용하는 언어는 일상적 언어와는 완전히 다르다. 즉 독자와의 소통방식이 일상적 언어와는 다르게 작동한다. 시조 작품의 예술성이 높다든지 시조로서의 가치를 인정받는다는 것은 소통방식으로 사용되는 언어가 특별하다는 것을 의미한다. 이때 사용하는 언어가 독자에게 이미지를 전달하게 되고 메시지를 남기게 된다. 고시조가 음악성을 살린 '듣는 시조'였다면 현대 시조는 문학성을 강조하는 '읽는 시조'로 발전했다.

 계몽주의 시대 프랑스의 사상가이며 작가인 볼테르는

"시는 영혼의 음악"이라고 불렀다. 시인의 영혼은 맑고 순수하다는 말이기도 하지만 독자의 심금을 울리는 서정성이 있어야 한다는 말과도 같다.

그렇다면 현대시조는 어떤 모습으로 독자에게 다가가야 하는가? 답은 비유와 상징으로 된 '낯설게 하기'이다. 시조는 언어로 만드는 예술이다. 언어에 예술의 옷을 입히려면 새롭지 않으면 안 된다. 즉 신선한 이미지로 독자를 만나야 한다. '낯설게 하기'는 한마디로 언어와 언어가 만나 새로운 이미지를 만들어 내는 화학반응의 결과물로 다른 이미지를 창출해내는 것이라고 말할 수 있다. 수소와 산소가 만나 '물'이라는 전혀 새로운 물질을 만들어 내듯이.

이런 점을 염두에 두고 예성시인의 작품을 감상하다 보면 여러 곳에서 시인이 만든 언어의 신선한 화학적 반응을 만날 수 있다.

작품집 『아플 때 피는 꽃』은 5부로 구성되어 있다. 제1부는 희망을 상징하는 작품을 배열하였으나 단시조가 많고, 제2부는 연시조 위주로 짜여 있다. 2부의 소주제는 "그리움의 증표"이고 제3부는 "아플 때 피는 꽃", 제4부는 "가을 나무 행복하다" 그리고 제5부는 "만정리 저녁풍경"으로 되어 있다.

작품집의 제목은 독자의 호기심을 불러일으키게 되는 첫 만남이다. 따라서 시조집의 제목『아플 때 피는 꽃』은 관심을 끌기에 충분한 조건을 가지고 있다.

보통 제목은 소재나 상징 또는 풍자적으로 정하게 되는 경우가 대부분인데 예성 시인 역시 작품의 창작 동기가 된motive 「아플 때 피는 꽃」은 본문에 나오는 소제목이기도 하다.

아는 바와 같이 시조는 50음절 미만의 짧은 글 안에 작가의 사상과 철학 등 그가 사유思惟하는 세계를 함축시켜 간결하게 엮어내야 하는 문학 장르이다. 더구나 형식이라는 틀이 있어 외적 또는 내적으로 이 틀을 벗어나면 안 되기 때문에 쉬우면서 어려운 문학이다. 창작하면서 지켜야 할 이 형식이 시조의 정체성identity이며 시조 문학의 문화적 유전인자meme이다. 이제 이러한 여러 조건을 모두 수용하면서 고뇌한 예성 시인의 시 세계Poèsie로 들어가 그가 부르는 영혼의 노래를 감상해 보기로 한다.

II. 꽃밭에서 부르는 노래

길가에 봄꽃들이
너무나 예뻐 보여

나 몰래 꽃가게서
꽃분 하나 사 들었다

당신이
이유도 없이
꽃잎처럼 생각나서

「봄꽃」 전문

지금 화자가 하는 말은 단순히 '봄꽃'이 예쁘다는 표현을 강조한 것이 아니다. 사랑하는 임이 문득 생각나고 감사해서 꽃분을 선물하고 싶다는 얘기다. 우리 삶은 "사랑"이 전부일지도 모른다.

사랑이 없는 세상은 삭막할 뿐이다. 이 작품은 평범한 일상어로 꾸며져 있지만 이런 서정시는 독자와의 소통을 쉽게 만들어 시공을 초월한다. 종장에서 "이유도 없이 생각난다."라고 했는데 이는 그리움 때문이다. 이처럼 순수한 마음이야말로 사랑의 근본 바탕이 된다. 참사랑은 조건이 붙을 수 없다.

불가에서 말하는 자비심慈悲心이나 유교의 중심 이념인 인仁과 기독교의 중심 사상인 '사랑'은 모두 그 맥을 같이하는 말들이다. 우리 인간이 지니고 살아야 할 기본 도리이다. 이런 순수한 '사랑'이 많은 사회일수록 행복 지수가 높아지지 않을까 생각해 본다.

    봄소식 짧게 쥐고 얼굴엔 점을 찍고
    서둘러 떠나가는 저만의 축제인가
    하얗던
    봄날이 섧다
    혼절한 꿈 쓰러진다

    헝클어진 하얀 넋 얼굴엔 분을 찍고
    둘러 떠나가는 저만의 눈물인가
    그 곱던
    봄날이 섧다

설레던 꿈 쓰러진다

「목련」 전문

첫수 초장에서 '낯설게 하기'를 시도하고 있다. '봄이 짧다'라는 일상적 언어를 언어의 조합을 통해서 독자에게 신선한 이미지로 다가가고 있음을 발견한다. 이러한 이미지는 화학적 반응을 일으키듯이 언어와 언어가 만나 새로운 이미지를 창출해내는 결과물이 될 것이다.

목련꽃이 하루 이틀 만에 떨어지는 아쉬움을 능동적 표현을 하려고 "봄소식을 짧게 쥐었다."라고 말하고 있다. 목련의 입장에서 보면 그가 쥐고 있는 봄날은 한순간에 지나지 않는다. 또 그냥 '봄'이라 하지 않고 '봄소식'이라는 표현으로 독자에게 더욱 선명한 긴장감을 불러일으킨다. 화자는 왜 종장 전구에서 봄날을 왜 '하얗다'라고 했을까? 이는 목련꽃이 '하얗기' 때문에 목련이 피는 봄도 역시 하얄 거라고 상상을 하고 있기 때문이다.

축제는 기쁜 것이다. 그런데 화자는 역설적 표현을 하여 섧다고 말한다. 이는 독자에게 강력한 이미지를 주게 되는 효과를 노린 것이라 볼 수 있다.

텃밭에 앉아 있는
외로운 하얀 나비

호미 끝 무디도록
가을볕 북을 준다

> 한평생
> 불볕 안고도
> 푸념 없는 당신은
>
> 「내 어머니」 전문

　세상에서 가장 정겨운 말은 '어머니'란 말일 것이다. 언제 들어도 그리운 이름이고 천만번을 불러도 싫지 않은 이름이다. 더구나 시골에서 자식을 위해 당신의 몸을 아끼지 않던 그 모습에서 우리는 위대함을 느낀다. 그래서 '여자는 약하지만 어머니는 강하다.'라는 격언이 생겨나지 않았을까? 어머니의 모습은 가장 아름다운 꽃이며 어머니의 사랑은 가장 고운 향기이며 거룩한 힘이다.

　화자는 '밭에 앉아 있는 어머니'를 하얀 나비로 치환하고 있다. 땀에 젖은 어머니에게서 고운 나비를 발견해 내는 능력이야말로 시인만이 지니고 있는 능력이 될 것이다.

　세월이 지나도 어머니란 이름은 늙지 않는다. 언제나 고운 나비이고 색깔 고운 꽃이다.

　예성 시인은 어머니에 대한 애틋한 정이 남다르다.

　「어머니의 맛」에서는 '버스 타고 올라온 어머니의 손맛이 된장 속에 끓고 있다.'라는 노래로, 제2부 「아버지의 늪」에서는 지게와 한 생을 보낸 아버지를 그리워하고, 제3부 「어머니의 홀소리」에서는 '어머닌 사랑을 위해 뜨락에서 밤을 샌다.'라고 말한다.

　또 제4부 「모정」에서는 아들의 첫 출근 날 소매 끝을 매

만져 주던 어머니를 생각하며 그리워하고 제5부「어머니의 가슴 밭」에서는 6남매를 곱게 키워준 어머니의 깊은 사랑을 그리워하며 또 한 번 눈시울을 붉혔을 것이다.

> 충의대 산 중턱서 밤 한 톨 주우려다
> 다람쥐 바라보는 그 눈빛에 그냥 놨다
> 저녁상
> 숟갈을 뜨다
> 눈발 비친 산을 본다.
>
> 「밥상」전문

  이 작품은 상당히 휴머니즘적인 사상이 들어 있다.
  이 말은 라틴어 'humanista'에서 유래한 말로 인간의 인간다운 본성을 옹호하고 실천하려는 사상 또는 정신으로 선善에서 출발한다. 동양의 맹자가 주창한 성선설性善說과도 일맥상통하는 개념이다.
  내 몫을 하나라도 더 만들고 싶어 혈안이 된 자들이 많은 요즈음, 이들이 내세우는 논리는 언제나 "경제적 논리"이다. 권력자는 그 권력을 이용하고, 법적인 보호 아래 약자를 이용하고, 정보통신 수단을 이용하여 사기를 치고, 일일이 말하기조차 부끄러운 사회적 현상을 종종 목격하게 된다. 강자는 약자를 보호할 의무가 있다고 생각할 때 그 사회는 밝고 건강한 사회가 된다.
  지금 화자는 단순히 자신과 마주친 한낱 미물微物인 다람쥐의 눈빛만을 기억하는 것은 아니다. 무의식 속에 잠들어

있던 양심이 눈을 떠야 살맛 나는 세상이 된다는 점을 강조하고 있다. 이 얼마나 인간적인가. 미물의 눈빛에서도 자기 몫을 빼앗길 때 억울해하는 감정을 읽어내는 시인의 능력도 대단하지만 행간에 숨겨진 화자의 마음은 정말 아름다운 보석 같다. 저녁밥을 뜨다가 눈발 비친 산을 보는 시인의 마음에 꽃향기가 가득하다. 은유나 상징으로 된 표현이 나타나 있지 않아도 독자의 마음에 이처럼 큰 울림을 줄 수 있다니 이런 것이 시인의 경이로운 능력이 아니겠는가.

> 한낮 뙤약볕 아래 바람 한 점 고여 놓고
> 건널목 신호 앞서 기다리는 햇볕 가리개
> 한 뼘쯤 세상을 활짝 편
> 가슴속의 부채 같네
>
> 착하다. 너른 팔을 환하게 펼쳐놓고
> 너에게 다가가는 어느 눈빛 안 가리고
> 말없이 건네준 미소
> 거룩함이 드리운다
>
> 범계역 대로변에 땀방울을 식혀가다
> 푸른 하늘 파랗게 흔들면서 웃고 가는
> 너를 난生 시원한 생각
> 그 마음이 고마워서
>
> 「그늘막」 전문

이 작품의 첫수는 언어의 화학적 반응이 아주 잘 나타나 있다. "한낮 뙤약볕 아래 바람 한 점 고여 놓고"라는 표현

때문이다. 지금 상황은 길거리에 마련된 그늘막인데 바람이 불지 않는 무더운 어느 여름날이다. 물건을 받치기 위해 괴어둔 받침은 흔들려서는 안 된다. 즉 꼼짝 않고 있어야 안전하다. 이런 시적 발화점이 바람을 고여 두는 일이다. "바람 한 점 불지 않는다."라는 표현은 이미 기호화된 일상어이다. 즉 누구나 쉽게 이해하는 말이라 독자와 약간의 소통지연장치를 마련하고자 '바람을 괴어둔다.'라는 말로 대신 한 것이다. 이런 표현이 소위 말하는 현대시조의 '낯설게 하기'이다. 같은 말을 슬쩍 돌리고 빗대어서 표현하는 방식이다. 상징과 비유는 이론적으로 알고 있으나 적당한 시어를 찾아내기는 참으로 어렵다. 서정주 시인의 「자화상」에서 다음과 같은 표현 기법을 발견할 수 있고 그러한 표현이 독자에게 신선하게 다가간다.

"어떤 이는 내 눈에서 죄인을 읽고 가고/어떤 이는 내 입에서 천치를 읽고 간다."

'죄인이나 천치라 부른다.'를 '죄인이나 천치를 읽는다.'라고 표현함으로써 독자에게 신선하고 낯선 이미지로 다가가고 있다. 이런 점에 비추어 볼 때 예성 시인 역시 언어의 조합을 통한 이미지 생산에 이미 능숙해져 있는 시인이라 여겨진다.

저 느림 풍화 자락 만져 본 적 있는 건가

천 년의 햇살 바람 긴 시간을 고여 놓고
　　말없이
　　미소를 짓는
　　태연함이 여유롭다

　　더 깊은 혜안으로 바라본 적 있었는가
　　한 생이 가고 오고 억겁이 쌓인 흔적
　　부처도
　　비움을 지고
　　풍경소릴 내는가
「미륵불」 전문

　이 작품을 읽는 순간 필자는 '반가사유상'이 생각났다. 반가사유상은 부처가 깨달음을 얻기 전 인생무상을 느끼며 고뇌하던 모습이고 미륵불은 56억 7천만 년 후에 사바세계에 나타난다고 하는 미래 부처이다. 지금 화자의 눈으로 본 미륵불은 천년의 햇살과 바람과 시간을 모두 한 곳에 모아놓고 알 듯 말 듯, 야릇한 미소를 띠고 있는 모습이다. 인간의 눈에는 보이지 않는 시공을 모두 다스리는 분이 부처이다. 인간은 찰나를 살다가는 무력한 존재임을 말하는 것이다. 그런 존재 앞에 시인은 지난 세월을 새겨보며 여유를 찾고 싶은 충동과 더불어 이제는 그렇게 살아야겠다는 결심을 읽어 낼 수 있다.
　둘째 수 종장에서 바람에 흔들리며 소리를 내는 풍경 소리마저 부처가 억겁을 모아 내는 소리라고 생각한다. 무한한 존재 앞에 겸손해지는 화자의 모습이 보이는 듯하다.

> 만대루 지붕 위로 병산이 들어오고
> 지붕과 마루 사이 낙동강이 눈에 흘러
> 좌우로 자연이 내다 건 경관 속에 빨려든다
>
> 입교당 기둥 사이 깔고 앉은 바람 소리
> 처마 끝 서애 흔적 시경詩境으로 도란거려
> 이 봄날 짧은 입맞춤이 귓속말로 남는다
> 「병산서원 소고小考」첫수, 셋째 수

　병산서원은 경북 안동 병산리에 있는 서원으로 이 땅에 교육과 관습에 지대한 영향을 끼친 서애 선생의 얼이 깃든 유적지이다. 2019년 7월 한국에서 14번째로 등재된 유네스코 문화재이다. 이곳은 서애西厓 유성룡의 숨결이 배어 있는 곳이기도 하지만 낙동강 줄기를 끼고 도는 절벽이 병풍을 펼친 듯 아름다운 곳이다.

　첫수 중장에서 "한눈에 들어온다."라고 하지 않고 "낙동강이 눈에 흐른다."라고 하였다. '낯설게 하기'를 시도하였다. 즉 낙동강이 내 순 속을 흐르는 것과 다르지 않다.

　둘째 수 초장에서도 "기둥 사이 깔고 앉은 바람 소리"라는 언어의 교직을 통해 독자를 만나고 있다. 바람이 기둥 사이에 앉아 있는 것이 아니라 바람 소리가 깔고 앉아있다는 표현을 함으로써 상당히 낯설게 느껴진다. 얼핏 보면 말장난 같지만 기둥 사이로 바람은 늘 들어오고 눈에는 보이지 않으나 소리는 귀로 들을 수 있다. 즉 청각으로 바람이 부는지 안 부는지 인지할 수 있다. 보이지 않는 시각적 효과를 청각이나 촉각으로 바꾸어 놓고 있다. 종장의 "봄날 짧은 입맞춤"은 무엇을 비유한 것일까 생각해 본다.

'입맞춤'은 감미롭다. 즉 만남이다. '잠깐 동안의 아름다운 만남'을 이렇게 함축적으로 표현하고 있다. '귓속말로 남는다.'라는 표현은 보고 느낀 감동이 여운처럼 남아 있다는 말이다. 예성 시인은 이와 같이 관념어를 구체어로 바꾸어 시의 미학적 장치를 더욱 견고히 하는 남다른 능력의 소유자라 하겠다.

> 발끝서 꽃이 핀다. 무한 송이 꽃이 핀다
> 이슬 맺은 이파리에 초록으로 물이 들고
> 입에 문 한 자루 붓이
> 나비처럼 날고 있다
>
> 「구족화가」 전문

구족 화가는 발이 손이다. 조금 불편할 뿐 예술의 창작 행위는 전혀 지장을 받지 않는다. 발끝을 사용하여 아름다움을 추구하는 구족 화가는 그리는 그림이 무엇이든 간에 한 송이 꽃이 되고 향기로운 냄새를 피운다. 맺힌 이슬은 초록빛 물이 들고 입에 문 붓 한 자루는 나비가 된다.

지금 예성 시인이 보고 있는 상황은 한 송이 꽃을 찾아 날아온 나비를 보고 있는 것이다. 역경을 극복하고 예술의 꽃을 피우는 이런 분들이야말로 진정한 예술가의 대접을 받아야 할 텐데 현실은 다르다. 특히 우리나라에서 인정받는 작품은 돈 냄새가 묻은 작품일지도 모른다. 진정한 예술가는 현실 세계에 속해 있는 사람이 아니다. 그가 사는 세상은 유토피아Utopia의 세계이다.

> 별빛이 흐르다가 그리움을 튕기다가
> 어깨로 흐느적임 현란하게 나부끼며
> 예 와서 농현弄絃으로 적신
> 영혼 한 줄 훨훨 난다.
> 「가야금 소리」 셋째 수

가야금 소리는 괜스레 애달프게 들린다. 별빛이 흐르는 한 밤에야 오죽하랴.

시인은 가야금 소리를 흐르는 별빛이라고 한다. 그 소리에 묻어나는 것은 그리움이다.

가녀리게 떨리는 어깨는 그리움이 묻어 있는 애절함이다. 그 애절함마저도 시인의 눈에는 현란한 춤사위로 보인다. 왜냐하면 종장에서 '농현弄絃에 젖은 영혼이 날아가는 듯한 상상을 하기 때문이다. 필자 역시 지난날, 어느 공연에서 이런 모습을 보고 이런 느낌을 받은 바 있어 더욱 공감을 한다. 술대가 현을 타고 놀 때마다 그리움과 애절함이 튕겨나간다고 상상한다.

> 천형의 멍에 지고 바다 건너 뿌려져서
> 하늘로 솟지 못해 눈물 고인 사슴의 땅
> 외딴섬 파란 풀밭엔 멍울진 삶이 있다

「소록도 한센인」 첫째 수

이 작품을 보는 순간 필자는 '소록도의 한하운' 시인이 떠올랐다.

그는 「자화상」이라는 시에서 이렇게 절규하고 있다.

"한 번도 웃어 본 일이 없다. 한 번도 울어 본 일이 없다.
-중 략-
도대체 웃음이란 얼마나 가볍게 스쳐가는 시장기냐."

예성 시인은 첫수 중장에서 "하늘로 솟지 못해 눈물 고인 사슴의 땅"이라고 한다.

그들은 무슨 죄를 지어서 천형을 받은 것은 아니다. 선하고 착한 사람이었음을 강조하는 표현이다. '사슴'은 선함을 나타내는 상징어이기 때문이다.

종장에 '멍울진 삶'은 한센인의 한 맺힌 생을 비유한 은유적 표현이다.

필자도 언젠가 한 외국 신부의 소록도 한센인에 대한 사랑 얘기를 듣고 울컥한 적이 있었다. 그 파란 눈을 가진 신부는 자기가 죽으면 화장를 해서 한 그루 소나무에 뿌려 달라고 했단다. 그 소나무가 자기를 양분으로 빨리 자라 재목이 되면 자기가 사랑한 한센인의 집 기둥이 되어 죽어서도 그들과 함께 살 것이라는 희망을 유언으로 남겼다고 한다.

낙엽 진 종묘공원 석양빛을 지펴놓고
어깻죽지 뒤척이며 사위는 기침 소리
고독한 가을로 덮인 지난날이 곪고 있다

궁궐 벽 담장 아래 허리 굽던 그림자도
주름진 눈망울을 누에처럼 오므리다
어둠이 잡아당기는 그늘 키를 재어본다

한세월 절며 절며 허접스레 살아온 길
실없는 생각에서 낮달처럼 피식 웃는
한 생이 지고 온 무게 어디 만큼 이운 걸까
「고궁의 노인」 전문

 한때는 남부럽지 않은 직장에서 청춘을 불사르던 이들이 세월에 밀려나 소일하는 모습은 가슴 아픈 일이다. 국가 발전의 선봉에서 가난을 물리치려고 애쓴 공로는 퇴색한 낙엽이 되어 누구도 알아주는 이 없다. 그분들에게 남아 있는 것은 훈장이 아닌 고독이다. 특히 종묘공원은 이런 노인들이 허탈함을 달래가며 소일하는 도심 속 장소이다.
 장삼이사라고 그만그만한 노인들이 모여 추억을 되새기며 영웅담을 펼치는 장소이기도 하다. 가끔 그곳을 지날 때면 쓸쓸하고 알 수 없는 아쉬움이 뒷덜미를 잡기도 한다.
 첫수 초장에서 "낙엽 진 종묘공원 석양빛을 지펴놓고"라는 표현에서 고독을 느끼게 한다. '석양빛을 지핀다'라는 미적 감각은 매우 신선하다. 대개는 '석양빛을 지고 또는 받으며'라고 하는 것이 일상적 언어인데 같은 의미를 주는 말이면서도 '석양빛'과 '지핀다.'라는 언어의 결합에 의한 화학적 반응으로 새로운 느낌을 주게 되는데 이런 언어를 빚어내는 시인의 솜씨가 매우 돋보인다. '석양빛을 받으며' 하면 수동적이지만 '석양빛을 지피며' 하면 적극적이며 능동적인 표현이 된다. 시에서도 그렇지만 특히 시조에서는 수동적 표현보다 능동적 표현이 더욱 강한 이미지를 창출한다.

또 "고독한 가을로 덮인 지난날이 곪고 있다."라는 표현도 매우 낯설다. 가을도 그냥 가을이 아니라 고독으로 덮인 가을이다. 가을은 언제나 허탈감을 주기 때문에 억울하거나 노여움을 삭히는 것을 '곪는다'라고 한 게 아닐까.

화려한 지난 시절도 지금 돌아보면 한낱 꿈일 뿐 현실은 언제나 가혹하다.

노인의 가슴에선 이런저런 불만과 갈등으로 가슴앓이를 하고 있음을 발견한다. 그래서 셋째 수 중장에서 "실없는 생각에서 낮달처럼 피식 웃는다."라고 했다. 다 부질없다는 생각을 해낸 것이다. 낮달은 창백하고 힘이 없어 보인다. 상황을 더 실감 나게 그려내려고 이런 시어를 선택하지 않았을까 한다.

무청을 냉큼 잘라 새끼꼬듯 엮다 보니
배고픔 그보다도 마음이 그리운 시절
지금은 영혼의 허기를 기억으로 매단다

할머니 어머니가 끓여주던 내 유년도
기억이 돌아와서 얼굴을 마주 보며

> 이 추운 겨울날 밤을 호호 불며 끓고 있다
>
> 행여나 감기 들면 목구멍 뜨끈하게
> 국물로 넘길 거다. 고향도 옛 친구도
> 불콰한 노을 색깔의 얼큰한 그 맛처럼
>
> 「시래깃국」 전문

시골서 자란 필자 역시 시래깃국에 대한 향수가 있다. 시래기죽을 먹었던 기억은 아직도 생생하다. 그토록 싫었던 시래깃국이 향수를 불러오고 더구나 요즘은 무슨 건강식이니 해서 일부러 찾아다니며 먹기도 한다.

이 작품은 특별한 비유나 상징 또는 언어의 조합도 없이 서정성만을 강조하며 엮어낸 작품이다. 일상어로 되어 있으면서도 정서를 시래기 엮듯 잘 엮어냈다.

시는 비유를 통한 예술성 높은 작품이 늘 최고는 아니다. 때로는 이런 정서를 끌어내어 독자와 호흡을 맞춰볼 필요성도 있다. 이런 유類의 대표적 작품이 김상옥의 「봉선화」이다.

> 하루만 자고 나도 달라지는 요즘 세상
> 우리 곁 못 떠나고 골목 지킨 노포老鋪 하나
> 어느새 떼지 못할 만큼 정이 든 이웃이다
>
> 골목길 구불구불 지나다가 마주치는
> 슬레이트 낡은 지붕 세월이 내려앉은
> 기억 속 할아버지 때부터 뒤를 이은 이발소다

열댓 살에 가위 잡은 그 길 벌써 오십 년을
꼿꼿하게 세월을 견뎌온 고집 땜에
이발소 예스러운 모습 오랜 단골 고향 같다
「오랜 이발소」 전문

 요즘도 시골에 오래된 이발소가 매스컴을 탈 때가 있다. 7,80의 백발이 성성한 노인들이 모여 정을 나누며 세상 돌아가는 온갖 정보를 공유하는 곳이 시골 이발소이다. 그분들이 그 업을 접지 못하는 것은 단순히 돈 때문이 아니라 정情 때문이다. 도시보다도 시골 이발소가 그래서 정감이 더 간다. 그 이유는 현대식 시설이 아니라 옛날식 그대로이기 때문인데 '옛날식'이라는 말 자체에 이미 내가 먹고 자란 옛 정취가 살아있기 때문이 아닐까.

 이 작품은 향수를 불러일으키기에 아주 좋은 작품이다. 시인의 순수한 감정이 그대로 드러난 작품이다. 둘째 수 초장 "지나다가 마주치는"과 중장 후구 "세월이 내려앉은"은 모두 그다음에 오는 체언 '낡은 지붕'과 '기억'이라 생각되는데 현대 시조에서 많이 나타나는 문장 구성법이다. 이런 현상은 음수를 지나치게 의식하다 보니 생기는 문장 구조로 고시조에서는 찾아보기 어렵긴 하지만 현실은 그렇지 않다.

 물론 시조는 수학공식 푸는 게 아닌 만큼 정답은 있을 수 없으나 시조의 정체성正體性과 현대시조의 발전이라는 두 측면을 놓고 본다면 좀 더 연구해볼 가치가 있다고 생각한다.

 예성 시인은 향수에 늘 젖어 있다. 많은 작품에서 그런

심사를 드러내고 있기 때문인데 몇 작품을 인용해 보면,

「기러기 귀향을 읽다」의 첫수 중장에 "고향길 향하려고 또 날렵한 선이 되어"
「고향 집 생각」에서는 둘째 수 중장 "부엌서 묵은 치는 엄마 소리 들린다면"
셋째 수 종장의 "한 사날 가마솥 곁에서 관솔 냄새 맡고 싶다."

「만정리 풍경」의 첫 수 종장 "밭두렁 길금콩 쭉정이마저 정겹다."
셋째 수 중앙의 "별들이 내려와서 반딧불이 같이 사는"

「충주호에 켜진 불」첫수 종장 "밤 여울 점점이 박힌 살 속 깊은 내 고향"
셋째 수 종장 "그리운 산새 한 마리 어머님을 그린다."

「통학길을 꺼내 읽다」에서 첫수를 보면 "잠을 깬 새벽 시간 아릿한 기적 소리/소이서 충주까지 책가방 깔고 앉은/ 어둠이 채 가시지 않은 열차 칸은 항상 만원//"

또「팽골이 산」에서는 둘째 수 중장과 종장에 "하루를 곱게 입힌 풀벌레 우는 소리/깊은 밤 불을 켠 산은 언제나 포근하다.//" 등등

여러 작품에서 고향을 그리워한 화자의 심정을 읽어 낼 수 있다. 향수에 젖는 것은 나이가 들수록 더 깊어지는지도 모르겠다. 앞서도 말했듯이 고향은 날 키워준 어머니이기 때문에 그리워하는 것은 너무나 당연한 일일 것이다.

    산 보고 꽃을 보고
    텃밭 곁에
    살고 싶다

    그러다 밖에 나가
    잡초 뽑고
    돌 고르고

    틈틈이 시를 쓰다가
    푸른 날이
    백발 되게
                        「그렇게 살고 싶다」 전문

  유유자적하며 소일하는 은퇴한 선비를 보는 느낌이다. 자신의 출세를 위해서건 가정을 위해서건, 아니면 국가를 위해서건 간에 사람은 누구나 밤낮을 가리지 않고 고심하며 피땀을 흘리던 젊은 시절이 있었을 것이다. 시인의 말처럼 어느 때인가 문득 시골에 내려가 삶에 지친 심신을 달래가며 자연과 더불어 살고 싶은 충동을 느끼게 되는 경우가 있을 것이다. 이때는 주로 자기가 살아온 경험을 바탕으로 회고록을 쓰거나 시를 쓰는 재미로 세월을 벗하게 될 것이다.

텃밭에 먹을 만큼의 채소를 가꾸며 물소리 새소리에 귀를 씻는 삶이야말로 노후를 보내는 가장 아름다운 모습일지도 모른다.

 종장에 '푸른 날이 백발 되게'에서 '푸른 날'은 '젊었던 시절'을 말하지만 그 누구도 백발이 되는 것을 원하지는 않는다. 그러나 시인은 백발이 되는 것을 두려워하지 않고 오히려 역설적인 수사법을 구사하여 순리대로 살아가겠다는 솔직함을 드러내고 있다.

>달래강 목행리가 빚어내는 여울 소리
>언제나 나를 키운 가득한 향수 속에
>온천이 육신을 통해 산과 들을 데워준다.
>
>중원 땅 너른 들이 허투루 있지 않고
>비운 곳 채워주고 껴안아 주는 것은
>내 삶의 첫 깃발이란 모성 지닌 당신이다.
>   「첫 깃발의 땅 중원」둘째 셋째 수

 목행리는 충주 남한강을 끼고 형성된 마을이다. 필자도 이 목행리 강가로 나가 탐석 하던 추억이 새롭다. 어느 시인이 말하기를 "고향은 사람을 낳고 사람은 고향을 빛낸다."라고 했다. 고향은 사람을 낳는다. 그리고 그 사람은 걸출한 인물이 되어 고향을 빛나게 한다. 충주의 시인 김태희 역시 고향이 낸 인물이고 열심히 노력하여 내로라하는 시조시인으로 성장해가며 고향을 빛내고 있는 분이다.

 그래서 시인도 둘째 수 중장에서 "언제나 나를 키운 가득한 향수 속에"라고 자신을 키워준 것은 고향임을 인정하고 있다.

셋째 수 종장에서 예성 시인은 이렇게 말하고 있다.

"내 삶의 첫 깃발이란 모성 지닌 당신이다."

자신이 태어난 고향이라 하지 않고 '삶의 첫 깃발을 꽂은 곳'이라는 표현으로 고향 땅임을 암시한다. 고향은 어머니와 같다. 어머니의 사랑과 고향의 흙과 바람과 물소리가 나를 키웠다. 그러니 보은을 해야 하는 것은 마땅한 도리이다.

Ⅲ. 맺는 말

시력詩歷 30여 년을 지닌 시인의 네 번째 시조집『아플 때 피는 꽃』상재를 다시 한번 축하드린다.

지금까지 예성蘂城 김태희 시인이 사유하는 아름답고 수려한 시 세계를 산책해 보며 그의 사상과 자연주의적 철학을 만나 보았다. 그 길을 함께 걷다 보면 새소리도 들리고 물소리도 들리고 봄바람이 피워내는 꽃들도 보인다.

그뿐만 아니라 향수까지 젖어 들게 한다. 이런 풍경 속으로 독자를 끌어들이는 힘은 시인의 순수한 서정이 짙기 때문이다. 게다가 언어와 언어를 엮어 만든 신선함과 특유의 비유법으로 시인만의 개성을 잘 살려낸 작품들로 구성되어 독자를 화자가 원하는 대로 유람시킨다. 한마디로 요약하면 "서정과 향수의 미학美學"이라 하겠다. 우리는 한 하늘 아래 살면서도 살아온 환경이나 성정性情에 따라 같은 시적 대상을 두고도 받아들이는 느낌이 다르게 나타난다.

 시조는 창작 주체의 고뇌로 빚은 언어예술품이다. 현대시조가 우리의 삶을 반영하는 거울이라면 삶에 수반된 아픔과 고독은 우리가 안고 가야 할 숙명일지도 모른다. 자유시自由詩도 아름답지만 특히 시조는 민족의 얼이 배어 있는 시이므로 더욱 정감이 간다. 형식이라는 틀 속에 간결과 함축으로 절제된 감정을 시로 엮는다는 일이 쉬운 것은 아님에도 예성 시인은 오히려 제재制裁 속에서 자유로움을 느끼는 제재製才를 가지고 계신 분이다.

 예성 김태희 시인은 겸손하고 시조에 대한 뜨거운 열정을 지니신 분이기에 우리 문단에 큰 별이 되실 거라 확신한다. 이번 시조집을 내면서 예성 시인은 서시序詩에서 밝혔듯이 하늘을 손바닥으로 가린 것 같아 '부끄럽고 두려웠다.'라고 솔직하게 말하고 있다.

 예성 시인은 (사)한국시조협회에서 올곧은 품성으로 여러 사람의 신임과 존경을 받는 분이시기에 더 큰 책임감으로 좋은 글을 생산하실 것이며 협회의 발전을 위해서도 큰일을 기꺼이 맡아 주실 거라 기대한다.

 다시 한번 시조집 상재를 축하드리며 문단의 큰 별이 되시기를 진심으로 기대해 본다.

2022. 1월　南谷 김흥열

■ 蘂城 김태희(金泰熙)

시조시인
충북 충주 출생
1985년 중앙일보시조백일장으로 문단 활동
월간《문학저널》시조 등단
(사)한국문인협회정책개발위원
(사)한국시조시인협회 회원
(사)한국시조문학진흥회발전위원
(사)한국문예학술저작권협회 회원
(사)한국시조협회기획국장. 이사
계간《푸른문학》자문위원
월간《문학저널》신인문학상 심사위원장(시조)
중앙일보시조백일장 8회 입상
문학저널문인회 작품상 / 창작문학상
단테기념문학상
제1회 이해조문학상
제2회 무궁화문학상 금상
제17회 한국문학신문시조 대상
제8회 후백 황금찬시문학상
제5회 (사)한국시조협회문학상 작품상
제2회 청명시조문학상 대상
제2회 (사)한국시조문학상 작가상
제10회 역동시조문학상 중견시조시인상
2019년 경기도어르신작품공모전 수상
제7회 경북일보문학대전 수상
제8회 대은시조문학상 대상
시집 『달래강 여울 소리』, 『그날의 소금밭』, 『창가
   에 정형을 들이다』, 『아플 때 피는 꽃』 외 다수

전화 010-6216-0424
이메일 bitbal@hanmail.net

아플때 피는 꽃

1판 1쇄 발행　2022년 2월 25일

지은이 | 김 태 희
펴낸곳 | 열린출판
등록 | 제307-2019-14호
주소 | 서울특별시 서대문구 통일로48길 13, 201호
전화 | 02-6953-0442
팩스 | 02-6455-5795
전자우편 | open2019@daum.net
디자인 | SEED디자인
인쇄 | 삼양프로세스

ⓒ 김태희, 2022

ISBN 979-11-91201-22-2　03810

*책값은 뒤표지에 표시되어 있습니다.
*저자와 협의하여 인지를 생략합니다.